U0630267

…心文库

世界中心教育

WORLD-CENTRED EDUCATION
A VIEW FOR THE PRESENT

[荷] 格特 · 比斯塔 著
Gert Biesta
丁道勇 译

教育科学出版社
· 北 京 ·

代译者序

杜威错了吗？①

——对比斯塔的一个回应

在《世界中心教育》第三章，比斯塔把杜威的教育理论作为“培养范式”的一个典型案例，认为“培养范式”的教育更关心人对环境的适应，“显然忽略”了人拒绝对环境做调适的可能性。比斯塔以纳粹分子阿道夫·艾希曼（Adolf Eichmann）为例，认为以杜威理论为“典型案例”的“培养范式”的教育理论，无法否认艾希曼接受的教育：艾希曼“学会了好好听话”、学会了适应环境，所以从“培养范式”的角度看，这种教育恰恰是成功的。比斯塔书中的这部分内容，把杜威与“培养范式”联系了起来，把“培养范式”与艾希曼联系了起来，形成了对于杜威教育理论的严厉批评。考虑到杜威的著作至今仍是中国教育界阅读和征引的重要对象，对于比斯塔的这番批评有必要做一个回应。

一、比斯塔论杜威

我已将杜威的理论作为教育培养范式的一个“典型案例”。这是一种为应对持续变迁的环境而做出明智调整的理论。换句话说，它是一种明智求生的理论。……虽然杜威为我们提供了一个复杂而详尽的说明，说明了人类如何反省和明智

① 改稿见于：丁道勇. 杜威是培养范式的典型案例吗？：对比斯塔的一个回应 [J]. 全球教育展望，2014(4)：64–73.

> 地适应其所处的环境，但是杜威的说明显然忽略了人类有机体还有可能*拒绝*这样的适应和调整。**杜威理论显然忽略的，正是人类有机体说不的可能性。**（本书第 39—40 页）

这段概括以及相应的上下文，包含了比斯塔在《世界中心教育》中对杜威教育理论的正反两方面评论。

第一，杜威看到了人如何“被驯化”。杜威认为，人始终在与周遭发生交互作用，人就在这样的交互过程中实现了学习。有的时候，这样的交互可以平稳进行，因为环境中的一切都是人所熟悉的。在另外一些时候，环境发生了意外的变化，平稳的交互作用就此被打破。这时，人需要做出调整，以适应新的环境。伴随人的主动调整，平稳的交互作用有可能得到恢复，人所处的环境也有可能得到一定的塑造。交互的平稳运行，意味着人能在环境中生存下去。交互的紊乱，意味着人面临生存危机。“平稳—紊乱—恢复”构成了学习过程，人借此在一个稳定和危机并存的环境中持续生存下去。

第二，杜威忽略了人有可能“说不”。杜威看到，人要做出各种改变，以适应富有挑战性的环境。杜威没有看到，人还有可能主动拒绝适应当前的环境。面对环境提出的要求，个人有可能积极做出调适，也有可能选择说“不”，拒绝对环境做出调适。因此，比斯塔说杜威的理论只是“貌似完整和全面，却还是缺了一些东西”（本书第 39 页）。在杜威的理论中，生存似乎成了人的唯一追求、最高追求。比斯塔相信，除了生存，人还可能有别的追求。比如，人除了为温饱苦恼，同时还有可能为爱、良心、尊严、价值感等问题而苦恼。在极端情况下，人甚至会因为对后面这些方面的不满而选择结束生命。

比斯塔这一章的内容铺排颇为巧妙，开篇给出了与 20 世纪重大议题有关的两则真实案例。前一则是民权运动时期的黑人女子罗莎·帕克斯（Rosa Parks）。她在 1955 年 12 月 1 日这一天，拒绝服从公交司机的指示，没有让座给同车的白人乘客。她拒绝服从权威，也清楚自己的拒绝会惹来什么麻烦，但是她还是拒绝了。后一则是“二战”期间的纳粹分子艾希曼。他在“二战”期间负责组织和管理针对犹太人的大规模递解行动。数百万犹太人的死亡与他的高效率工作有关。艾希曼在受审过程中对自己的工作内容供认不讳，但是拒绝为这些工作的后果负责，理由是自己只是在服从命令[①]。比斯塔用这两个实例，构造了他的“帕克斯－艾希曼悖论”（本书第32页）：艾希曼全面服从，帕克斯拒绝服从。从是否顺应环境要求的角度看，前者的教育成功了，后者的教育不成功。这个结论，显然有悖于当前的普遍共识，因此有必要重新考量相关的教育理论。比斯塔用“培养范式”来概括那一类顺应环境的教育，进而把杜威理论当作“培养范式”的典型案例，这构成了对于杜威的严厉批评。比斯塔的铺排方式暗示，杜威的教育理论与纳粹分子艾希曼受到的教育之间具有某种相似性[②]。

比斯塔认为，以杜威理论为代表的“培养范式”，鼓励

① “齿轮理论”是艾希曼为自己提出的一项辩护：“（艾希曼）本人坚称，自己只是巨大毁灭机器中的一个非常小的齿轮。他的工作仅仅是在技术层面，确保把这五百万犹太人运送到处决的地方。”（Russell L. The record: the trial of Adolf Eichmann for his crimes against the Jewish people and against humanity [M]. New York: Alfred A. Knopf, 1962: 286–287.）在《艾希曼在耶路撒冷》当中，阿伦特写道：“法院在判决书中指出，这种罪行只有庞大、可自由运用政府资源的官僚体制才有能力实施，但是既然是犯罪——当然，犯罪是审判的前提——那么，这部机器上的所有齿轮，无论其作用大小，便立刻成为堂前囚，也就是说，都要回归到人的层次。”（鄂兰．平凡的邪恶：艾希曼耶路撒冷大审纪实 [M]. 施奕如，译．台北：玉山社出版事业股份有限公司，2013：318.）照阿伦特的看法，关于服从法律要不要承担责任的问题，法庭方面并未做出充分回应。也就是说，艾希曼提出的“齿轮理论”没有得到有力反驳。阿伦特分析了思考与行动在现代社会中的处境，从而间接回答了此类罪责的成因和属性。

② 把杜威与纳粹联系起来，这并不是我第一次见。在1952年3月17日的《时代》杂志上，封面人物是永恒主义教育理论的代表人物莫蒂默·J. 阿德勒（Mortimer J. Adler）。在这一期介绍阿德勒的文章当中，附有杜威的头像作为插图。这幅插图配的文字是：“比希特勒还要危险？”

人适应周遭环境提出的要求，忽略了人对环境“说不的可能性”，因此并不能刻画教育的完整面貌。在“培养范式”以外，比斯塔提出“生存教育”来作为补充。用比斯塔自己对教育目标领域的划分来看，“培养范式”的教育更关心人的社会化和资格化，“生存教育”则更关心人的主体化。比斯塔认为，教育不仅是借助外部环境去“培养”出“我”的过程（社会化、资格化），更是一个召唤“我”出场，允许“我”去判断和处置学习所得的过程（主体化）。在前一个范式中，“我”是教育的产物；在后一个范式中，“我”要对所受的教育做出判断。比斯塔认为，放弃“我”的出场，造就了全面服从；“我”的出场，让人有可能对环境说“不”。

二、比斯塔反对什么？

比斯塔的上述评论，所针对的不只是杜威的教育理论。所有可归入“培养范式”的教育理论，比如有效教学、成功学习等理论，都是比斯塔的批评对象。与在全球范围内广泛流行的问责、绩效、循证等教育管理思路不同，比斯塔认为在教育上追求安全、高效、可检测本身就出了错，这类目标设定本身就是出于对教的误解：“只是简单地要求教育变强、使教育安全、使教育可预测和使教育免除风险，并把任何没有按这个路径行进的偏离视为需要‘解决’的问题，是在许多方面没有理解教育的要领。”[①] 教不只是把一堆既有的东西交给某人，教和学之间不只是授受关系，因此教和学的不一致未必是有待解决的问题。值得追求的不是最大限度提升教的效率，不是追求“因果律的教学法”[②]。在比斯塔的理论当中，风险恰恰表明了人作为主体出场的可能空间，风险恰恰是美好的，让教的本质得以保存。换句话

---

① 比斯塔．教育的美丽风险 [M]. 赵康，译．北京：北京师范大学出版社，2018：9.
② 比斯塔．教育的美丽风险 [M]. 赵康，译．北京：北京师范大学出版社，2018：197.

说，比斯塔对于杜威的评论，是基于他本人一贯的教育主张。

阿伦特是比斯塔反复征引过其观点的一位作者。借助对阿伦特作品的简要回顾，比斯塔反对什么也就呼之欲出了。阿伦特赞赏的生活方式来自古希腊，古希腊有“家庭”、有“城邦”，但是独独还没有“社会”这个概念。阿伦特写道：“‘社会的’（the social）对于‘政治的’（the political）的不经意的置换是一种背离，结果希腊人最初对于政治的理解遗失了。这比任何精妙理论所做的都要有过之而无不及。”① 在城邦时代，在公共空间表达意见的人，还有免受社会标准干预的私人生活。他们带着各自的主见来到一起，在交换意见的过程中创造了公共空间。在阿伦特看来，政治行动就是如此：不是一个意见对于其余意见的说服甚至压制，而是不同意见的碰撞和折中。个人意见在公共空间当中获得了意义，个体也因此有了存在的必要。在公共空间，人们面对的不再是早已确定的东西，而是要通过人与人的交谈来形成一个共有的世界。在这里，“家庭生活”所属的私人空间对于公共空间当中的政治活动变得至关重要。

在《论阿伦特》当中，阿伦特写道：“《人的条件》的主要缺陷和错误在于：我是从沉思生活（vita comtemplativa）的角度出发，来关注传统上所谓的行动生活（vita activa），而一点儿也没有真正提及沉思生活本身。”② 阿伦特觉得自己有必要

---

① Arendt H. The human condition (second edition)[M]. Chicago: University of Chicago Press, 1998: 23.

② Arendt H. On Hannah Arendt [M]//Arendt H, Hill M A. The recovery of the public world. New York: St. Martin's Press, 1979: 305.

阿伦特曾提到，《人的条件》英文版的书名乃为出版者所设，她本人中意的书名是《行动生活》（Arendt H. The life of the mind: thinking [M]. New York: Harcourt Brace Jovanovich, 1989: 6.）。实际上，该书德文版即被命名为《行动生活或积极生活》（*Vita activa oder vom tätigen Leben*）。另外，从《人的条件》的书末致谢处也可以得知，该书的部分文章来源于 1956 年阿伦特在芝加哥大学所做的系列演讲，讲座题目即为“行动生活”。

写《人的条件》第二卷，但是这项任务并未执行，她最终的计划是写三卷本的《精神生活》。在《人的条件》的末尾，阿伦特以卡托的格言作为结束：“无所事事时，我最有作为；孤身一人时，我最不寂寞。”在《精神生活》的扉页，阿伦特再次引用卡托的这句格言作为开始。这种巧合，体现了“行动生活”和“沉思生活”这两大主题在阿伦特思想体系中的连续性：“行动生活”与“公共空间”有关，“沉思生活”与“私人空间”有更紧密的联系；最后,“沉思生活”以及连带着的“行动生活”，都要以免受打扰的“私人空间”的保存为前提。阿伦特追溯了“社会”概念的历史，进而讨论了社会标准对私人空间的侵蚀及其后果。伴随私人空间的败坏，公共空间连带着也会趋于坍塌。没有沉思生活，行动生活也就变得子虚乌有。没有真正的私人空间，在公共空间内的意见表达也就成了同语反复，个人因此也就成了多余之人。我自己在“阅读”阿伦特时，会自觉把她在不同时期的作品联系起来，试图建立某种贯通的理解。这样做的结果是，上述概念架构与阿伦特对于极权主义起源的解释联系了起来：极权主义是社会标准全面扩张的一个产物，艾希曼的问题正是以社会标准全面替代了自己的判断。阿伦特没有在艾希曼身上发现什么独特之处，她拒绝把艾希曼当作一个特例，她努力把艾希曼解释为极权社会的普通一分子。

在《世界中心教育》第三章的开篇部分，比斯塔写道:“幼稚的‘冲动’从不会完全解除，而总是一个毕生的‘困扰’。”（本书第 30 页）这句话让我联想到了康德。在《答“何谓启蒙”之问题》中，康德写道：“启蒙是人之超脱于他自己招致的未成年状态。未成年状态是无他人底指挥即无法使用自己的知性的那种无能。……勇于求知吧！因此，鼓起勇气去使用你自己的知性吧！这便是启蒙底格言。”[①]尽管比斯塔与康德的“主体”概念有根本冲突，但是“幼稚的‘冲动’”与“未成年状态”却有一致之处：都是一种个体之“我”完全退场后的状态。个体切断与环境的联系，放弃对环境的识别和判断，一门心思按照别人提供的答案去生活，这就是“幼稚”，这就是“未成年”。这样来看，那个已经学会“好好听话”、不懂得“说不”的艾希曼是“幼稚”的，尽管他在生理上早已成年。在《教育的危机》中，阿伦特反对卢梭、反对进步主义。她的一个关键的不满，就在于这些教育理论和实践都“倾向于创造一个绝对的儿童世界”[②]，把“幼稚”和“未成年”当成了教育理想。总之，阿伦特对“社会”概念的整理与反思，比斯塔用“培养范式”来反对的教育目标定位，所针对的正是这里讨论的“幼稚”。

中文读者对于艾希曼的了解，最初可能就来自阿伦特的《艾希曼在耶路撒冷》。在阿伦特看来，艾希曼的“幼稚”、艾希曼的无法“说不”，原因正在于他奉行着一套既定的标准。这套来自外部的标准，中断了艾希曼之“我”与环境的联系。艾希曼学会了“好好听话”，结果犯下了滔天罪行，这就是阿伦特的著名概念“恶的平淡性”（banality of evil）[③]所传递的

---

① 李明辉 . 答“何谓启蒙”之问题 [M]// 康德 . 康德历史哲学论文集 . 李明辉，译注 . 2 版，增订版 . 台北：联经出版事业股份有限公司，2013：27.

② 阿伦特 . 过去与未来之间 [M]. 王寅丽，张立立，译 . 南京：译林出版社，2011：172.

③ “banality of evil”这个短语，出自《艾希曼在耶路撒冷》一书的副标题。据说，这个副标题是由阿伦特的丈夫海因里希 · 布吕歇尔（Heinrich Blücher）所拟。目前，这个短语普遍被译为“平庸之恶”（或“平凡的邪恶”“平庸的恶”）。这个译法体现了一种对于阿伦特的普遍误解。简单来说，就是认为“平庸者”会因其“平庸”而作“恶”。“平庸者”思考能力低下、拒绝承担责任、无法做判断，他们是社会大机器的一个齿轮，他们奉令行事，最终犯下了滔天罪行。阿伦特笔下的艾希曼似乎就是这样——他平庸无趣、言语乏味，同时又在大屠杀当中扮演了关键角色。在这种译法传达的理解当中，滔天恶行不是天才恶棍们的罪行，反而要归咎于庸庸碌碌之辈。“恶”是“平庸”之人因其“平庸”而犯下的过错。所谓“雪崩时没有一片雪花觉得自己有责任”，就表达了类似的理解。根据（转下页）

见解。与外在于人的物质世界的联系，与不可化约的他人的联系，可以为各种所见所闻提供事实校验。要知道，无论是物质世界还是他人，都不允许我们任意妄为，都会对我们的行为构成抵抗。失去这样的事实校验，个人在各种主张面前就全面失守了。届时，随便什么口号，随便一场运动，都有可能动员这些“原子化”的个体。中断“我”与环境的联系，其危险就

（接上页）这种理解，“反抗‘平庸之恶’”的方案，就在于“平庸”的人勇敢承担自己的责任，去过一种英雄主义的生活。

这种鼓励普通人当英雄的解读，是对阿伦特的误读。阿伦特固然关心行动带来的机遇，但是她更关注行动结果的不确定性。英雄那种为了既定目标不惜牺牲一切、为了目标可以无视前进路上一切障碍的生活哲学（比如“大方”地让别人做炮灰），恰恰是让阿伦特感到恐惧的东西。巨大的热情甚至崇高的自我牺牲精神，虽然值得人赞叹，但是这些东西也常常会带来灾难。要铭记，没有人是完美的！阿伦特笔下的公共空间概念，支持这一认识。因此，不但恶棍值得警惕，英雄实际上恐怕更加值得警惕。除此之外，阿伦特也不相信通过个人的直接对抗就可以克制恶。阿伦特的方案，希望个人作为人去生活，但是不希望他们扮演悲剧英雄。如果群众能够保持思考、避免“无思”，那就为公共空间的保存创造了条件，可以消除滋长极权主义的土壤。总之，阿伦特并不鼓励英雄行动。那种不惜头破血流也要起来反抗的悲剧英雄式的生活方式，不是阿伦特的主张。

把“banality of evil”译为“平庸之恶”不只是误读，这个译法甚至正好颠覆了阿伦特的原意：第一，阿伦特不认为战时德国对犹太人犯下的极端之“恶”要由普通人负全责。阿伦特写道：“缺乏思考不是愚蠢，缺乏思考的状态同样可以在那些极其聪明的人身上找得到。”“banality of evil”对于平凡人和精英分子都适用，不是在专论“平庸者”。第二，阿伦特不相信个人努力足以应对“恶”的威胁，她把保持具有多样性的公共空间作为克制问题的备选方案。因为，多样性同时意味着独特性，而独特性是可以抵消平淡性的。可是，个人努力的范围仅在于确保自己作为一个“人”去生活。如果群众教育没有跟上，社会也仍旧有可能面临极端恶的威胁。个人如果身处那样一个不正义的社会，仍旧会无能为力。阿伦特对极端恶做了理论化，但是这种恶本身终归是无解的。第三，阿伦特不相信她所研究的“恶”是可以根治的。阿伦特是悲观的，所以在《人的条件》当中她会说“本书并未提供唯一的答案”。“banality of evil”允许恶处在思考范围以外。换句话说，“思考”找不到自己要与之战斗的敌人。正是“恶的平淡性”让“恶”可以在人的思考范围之外肆意蔓延，“平淡性”正是极端之恶的可怕之处。

总之，阿伦特的“banality of evil”描述了过去被忽略的一种人类之恶的属性，而远远不是对普通人的谴责。“平庸之恶”的译法不可取。在阿伦特的繁体版译作中，这个术语曾经被译作“邪恶的平庸性”（鄂兰．平凡的邪恶：艾希曼耶路撒冷大审纪实 [M]. 施奕如，译．台北：玉山社出版事业股份有限公司，2013：279.）。我本人在提及这个短语时，会把它译作“恶的平淡性”。

在于此。比斯塔批评“培养范式”的教育，认为这种教育忽略了人对环境“说不”、拒绝适应环境的可能性。按照这里的分析，比斯塔所要反对的不是适应环境，而恰恰是人还不能适应环境的状况。阿伦特写道：“他（注：指艾希曼）并不愚蠢，只不过是丧失思考能力（但这绝不等于愚蠢），也正是因为如此，他便化身为当时最十恶不赦的魔头。……这种与现实隔阂、麻木不仁的情况，是引发灾难和浩劫的元凶，远比人类与生俱来的所有罪恶本性加总起来更可怕。”① 艾希曼所匮乏的正是与现实的联系，艾希曼未曾正视那残酷的现实。比斯塔所要反对的，正是培养艾希曼一类人物的教育。现在的问题是：杜威主张比斯塔反对的东西吗？

三、杜威主张比斯塔反对的东西吗？

比斯塔的博士学位论文研究杜威，杜威的博士学位论文研究康德（该论文已遗失）。据此，我们有理由相信，比斯塔论杜威、杜威论康德，都是在充分了解的基础上形成的评论。有趣的是，对比这两项评论，会发现比斯塔不满意于杜威的地方，竟然恰恰是杜威要反对康德的地方。我不禁好奇，杜威理论难道最终成了他自己反对的那个样子吗？这其中一定有什么误会。在揭开谜底之前，让我们来简要回顾一下杜威是如何评论康德的。

在《纯粹理性批判》中的“第二版序文”当中，康德把自己在哲学上的人类中心论比作哥白尼在天文学上的日心说：“关于对象的直观，可以在形而上学里作类似的试验。（Bxvii）”② 在后文介绍自己的先验演绎原理时，康德识别出了两种可能性，并表明自己要研究的是后一种：“要么，只是对象使表象成为可

---

① 鄂兰．平凡的邪恶：艾希曼耶路撒冷大审纪实 [M]. 施奕如，译．台北：玉山社出版事业股份有限公司，2013：317. 句中注与着重号为译者所加。

② 康德．纯粹理性批判 [M]. 韦卓民，译．武汉：华中师范大学出版社，1991：17.

能；要么，只是表象使对象成为肯（可）能。……如果说只有通过表象，才有可能知道任何东西为一对象，那么，表象就是对象的验前的确定者了。（B125）”[①] 在后一个假设当中，是表象让对象成为可能，而不是对象使表象成为可能。这样人类思维就成了经验（experience）的主动发起者，而不仅仅是感知（perception）的被动接受者了。康德没有去研究表象并非对象的原因，而是研究了人类知性能力的限度。物自体终归不可知，遑论其起源。

在《确定性的寻求》第十一章的开篇部分，杜威对于康德的这些工作有一段概括："康德自称他在哲学中进行了一次哥白尼式的革命，因为他是从认知的主体去看待世界以及我们对于这个世界的认识的。在许多批评者看来，这种使所知的世界依赖于能知的心灵组织的努力似乎是回复到十足的托勒密体系（an ultra-Ptolemaic）。……结果是托勒密式的而不是哥白尼式的，这并不足以为奇。事实上，康德的所谓革命，不过是使早已隐藏在古典传统思想中的东西明显化罢了。”（LW4:229）[②] 这段话，包含了杜威对于康德的分析和评论：第一，康德的“哥白尼式的革命”，在结果上恰恰是托勒密式的。哥白尼的日心说，否定了地球是宇宙的中心，挑战了在欧洲流行逾千年的托勒密地心说。如果说欧洲哲学传统曾经以外在的某种先决之物（比如理念）为中心，那么康德就主张把人作为一切的中心。第二，康德的“哥白尼式的革命”在形式上包含转向，但是在结果上保留了“早已隐藏在古典传统思想中的东西”。已经实现了的东

① 康德.纯粹理性批判 [M]. 韦卓民，译.武汉：华中师范大学出版社，1991：123.

② 本文在引用杜威作品时，主要取自《杜威全集》中文译本的译文，并采用了一种相对简便的标注方法。比如“LW4:229”中的“LW4”指《杜威全集：杜威晚期著作（1925—1953）：第四卷》（华东师范大学出版社 2015 年版），“MW6:438”中的“MW6”指《杜威全集：杜威中期著作（1899—1924）：第六卷》；“229”“438”分别指该卷正文相应位置的边码，该边码对应于相应内容的英文版页码。

西，指的是确定性来源的转向。尚且保留下来的东西，指的是对于确定性的不变追求。在杜威看来，康德的“哥白尼式的革命”是在认识论上建立了一种“人类中心论”，但是康德依然在设法寻求确定性。康德的工作给一个古老的问题提供了不同的答案，因而这场革命是不彻底的。

与康德不同，杜威通过放弃确定性、放弃认知中心，实现了对于“人类中心论”的彻底颠覆。杜威写道：“正如地球或太阳并不是一个普遍而必然的参考系的绝对中心一样，自我或世界、灵魂或自然（即当作孤立而本身完善的东西理解的自然）都不是这个中心。在交互作用着的许多部分之间，有一个运动着的整体；每当努力向着某一个特殊的方向改变这些交互作用着的各个部分时，就会有一个中心浮现出来。”（LW4:232）在杜威对康德的评论方面，这段引文有提纲挈领的作用。在康德那里，主体是中心。在杜威这里，能作为中心的既非主体，也非德里达的“在场”。在杜威这里，中心实际上消失了，取而代之的是主体与环境的交互作用。交互作用的维持、破坏、恢复，是主体付出努力的标志。在这个与环境的交互作用过程中，主体得到了关于环境的知识，但是知识并不就是世界本身。杜威写道：“一个哥白尼式的变革的意义就在于：我们并不需要把知识当作唯一能够把握实在的东西。我们所经验到的这个世界，就是一个实在的世界。但是，我们所经验到的这个世界在它的原始状态上，并不是我们所认知的世界，并不是我们所理解的世界；而且从理智上说来，并不是融贯而可靠的。”（LW4:235）正是“认知”和“实在”之间的这层永远无法取消的质性差异，让认识活动有必要永续进行；同时，也正是二者之间绵绵若存的联系，让认识活动可以成为人类生存的保障，让人的生活决策有可能变得明智。（后文还会回到“认知”和“实在”的区分上来。）可以看到，杜威对于康德的批评，正好表现了他自身哲学的特点。

杜威刻画的认识活动，放弃了康德仍然坚持的那种对于确定性的寻求，但是仍旧可以提高人类生存的概率。在《我们如何思维》当中，杜威写道："那种在变化中寻求安全，而不是寻求与固定物相联系的确定性的哥白尼式的革命，更加激起人们的依赖感。"（LW4:245）这是杜威自己的"哥白尼式的革命"，取消了作为主体的人在认识上的中心位置。可以看到，对于环境保持敏感，不断回应环境的要求，正是杜威式认识活动的特点。"儿童们往往从他们的父母、保姆和周围的人那里接受各种命题，这是最常见不过的。这些命题渗透在他们天真而无偏见的理解之中，逐渐得到加强，最后（不论真伪）通过长期的习惯和教育被钉在人的心中，永远不能拔出来。对人们来说，当他们长大以后，反思那些意见时，往往发现它们在自己心中就像那些记忆一样久远。他们既不曾观察到它们原来是如何进入到，又不知道自己是如何得到它们的，因此便将其奉若神明，不许人们亵渎它们，触动它们，怀疑它们。他们认为它们是伟大的、无误的、决定真理的标准，认为它们是解决一切争端的判官。"（LW8:134）要注意，儿童认识上的这个处境，并非杜威教育理论的目标，而恰恰是杜威要反对的"错误思维"。比斯塔所反对的，正是杜威口中的这种"错误思维"。

与比斯塔的评论相比，拉特纳在其选编的《杜威哲学》扉页中的那段话，更能体现杜威理论的底色[①]。这段话出自杜威的《经验与自然》："如果一旦我们开始思想了，没有人能够担保我们会跑到什么地方去；唯一的结果，便是许多东西，许多宗旨，许多制度的命运完结了。每一思想家，都使表面上安定稳固的世界的一部分发生动摇，至于起而代之的究竟会是什

① 杜威. 杜威哲学 [M]. 赵一苇，等译. 台北：世界书局，1960.

么，没有人能够完全预料得到。”（LW1:172）（此处译文取自《杜威哲学》繁体中文译本）没人能预料思考的终点，这是杜威式思考的魅力；“使表面上安定稳固的世界的一部分发生动摇”，这是杜威式思考的成果。杜威的教育理论，不像比斯塔所言是“培养范式”的“典型案例”。恰恰相反，杜威强调心灵和环境的持续交互作用，而在此之前则要求主体有从环境中发现问题的能力。杜威的教育理论并非通过科学来封闭人的心灵、僵化人的思想，而是要通过科学来形成富有弹性、具备调节能力的心灵。

四、杜威的环境概念：问题与适应

从杜威有关环境概念的表述当中，我读到了一个有存在主义意味的杜威：环境并非预先确定的东西，环境是个体参与塑造的；个体在塑造环境的过程中，塑造了他自身。无论是环境还是个体，都没有一个既定的样态，也都并非始终如一、固定不变。从“变”的眼光来看待环境、看待个体，理解持续变动的世界，这是杜威理论的底色[①]。因此，杜威式教育虽然强调人对于环境的适应，但是更要求人能发现环境提出的问题。基于我对于杜威环境概念的解读，杜威教育理论所指向的适应，并非针对某个既定的环境；“刻舟求剑”式的刻板、僵硬，恰恰是杜威教育理论要反对的东西。

内涵一：环境是筛选的结果

我孤身行走在原始森林当中，远处突然传来一阵野兽的嚎叫。我一时心神俱震。换个场景：我正坐在电视机前，此时电视机里突然传来一阵野兽的嚎叫，这多半就不会让我担惊受

① 请参考梁漱溟对杜威的一段批评：“他于不变的一面没有看见。不变是根本是体，变是不变的用。他所悟纯是用之一面，他没有悟到体。”[梁漱溟.杜威教育哲学之根本观念[J].乡村建设，1934(6): 1–10.]

怕。在前一种情况下，我之所以会有逃跑的冲动，是因为自己正在森林中谨慎前行，一心想要避开猛兽的袭击。我把那阵嚎叫定义成了危险信号。此时，野兽的嚎叫构成了我的环境的一部分。当然，我也可以懵懂无知、对野兽的嚎叫不理不睬，那样等待我的可能就是做一回野兽的晚餐。无论如何，不管我能否准确识别危险，我的环境总是自己筛选的结果。在1896年发表的名篇《心理学上的反射弧概念》当中，杜威使用过类似的例子。尽管在这篇文章当中杜威几乎没有提及“环境”一词，但是我仍在其中读到了杜威环境概念的一个重要内涵：环境不等于外部条件，环境是对周遭条件进行筛选的结果。（杜威在文章当中呈现的是刺激、观念、行动的关联，以表明刺激并非某种既定的、与人无关的外来侵扰，刺激是主体参与定义的。）

周遭条件只在与个体行动发生关联时，才会构成该个体的生存环境。更准确地说，个体在行动时遭遇到的种种外部条件构成了他的环境。有关环境概念的这一内涵，杜威曾经反复表达过，比如：（1）“环境不是简单等价于周围的物理环境。在物理环境中，可能有很多东西是机体不会对之作出反应的；这样的条件，不是其真正的环境。”（MW6:438）（2）“‘环境’（environment）、‘媒介’（medium）这些词，不仅意谓环绕着个体的周围事物，更是指周围事物和个体本身各种积极的趋向之间特定的持续关系。”（MW9:15）（3）“环境就是个人需求、欲望、目的和能力发生交互作用，以创造经验的种种情境。甚至当一个人做白日梦时，他也是在与其幻想中所构造的对象发生交互作用。”（LW13:25）（4）“‘环境’不是某种外在意义上环绕着人类活动的东西；它是它们的中介（*medium*）或背景（*milieu*）。”（LW16:244）这些不同的表述，传达了同样的判断：那些不构成行为的中介或背景的外部条件还不是环境。人所适应的环境，是他自己参与筛选的。

原始人和野蛮人的共同体主要通过直接参与来培养下一代。等到社会生活变得复杂起来，以至于有大量东西是在用书面符号记录时，学校就产生了。换句话说，学校的产生，本身就意味着人的环境的突破。人并非完全被周遭和当下所决定，人的环境构成在时间和空间上都要远远大于这个范围。屈原所谓“謇吾法夫前修兮，非世俗之所服”（《离骚》），描述的就是以古代贤人为友，而拒绝身边小人的状况。在布鲁姆眼中，柏拉图和亚里士多德虽然在众多问题上意见相左，但是“他们对于善的共同思索将两个人紧密联系到了一起；他们之间的不同观点恰恰证明了彼此之间的相互依赖”①，他们构成了真正的共同体。人会筛选条件来构造自己的环境，这本身就是一个等待主体去探索的课题。这种筛选的结果本身，定义了选择者本人，回过头来又会反馈到筛选行为上②。筛选意味着选择性的适应、选择性的无视，对有些东西说“是”、对另外一些东西说“不”，筛选必定包含“人类有机体说不的可能性”（本书第 40 页）。

内涵二：环境包含他异性

杜威对“知识的范围”和“存在的范围”做了区分。其中，环境触及“存在的范围”，包含不可化约的他异性③。杜威

① 布鲁姆 . 走向封闭的美国精神 [M]. 缪青，宋丽娜，等译 . 北京：中国社会科学出版社，1994：1—2.

② 我在此处联想到了马克思。在《关于费尔巴哈的提纲》中，马克思否定了“人是环境和教育的产物”这一学说，主张“环境正是由人来改变的”（马克思，恩格斯 . 关于费尔巴哈的提纲 [M]// 马克思，恩格斯 . 马克思恩格斯全集：第三卷 . 北京：人民出版社，1960：4.）。那么，杜威的理论是站在哪一方呢？杜威与马克思的理论，有很多地方可以做有趣的比较。

③ “他异性”是若干法国思想家喜爱谈的一个概念，比如孟德斯鸠《波斯人信札》中的那些波斯人、克里斯蒂娃《我们自身的外人》中的外国人、利科《作为一个他者的自身》中的他者性、列维纳斯《论来到观念的上帝》中的上帝与邻人等等。本文使用“他异性”一词，但是并不援引上述观点。我用的他异性，指的是环境中的那些超出我的理解范围、控制范围的因素。

写道："知识的范围和所经验到的存在的范围并不是等同的，而这一事实既不能说是知识的缺陷，也不能说是知识的失败。这只是表明知识严格地从事于它自己的职务——把紊乱不定的情境转变成更加在控制之下和更加有意义的情境。并不是所有一切的存在都要求被人类所认知，当然也不要得到思维的允许才能存在。"（LW4:236）从这段话当中，至少可以拆解出三个彼此关联的判断，体现了杜威与康德的若干共识与分歧：第一，"存在的范围"不等于"知识的范围"。"存在的范围"骨子里有着神秘莫测的一面。这是西方哲学曾经尝试解答，但是到了康德以后几乎被放弃的一个主题。第二，"知识的范围"与"存在的范围"并未分离，知识的可能和限度都来自它与存在的这层联系。因此，作为人的认知成果，知识还是可以对存在有所把握，知识的品质可以借助其效用得到检验。这是杜威有别于康德的一个地方。第三，区分"知识的范围"与"存在的范围"，可以让知识"严格地从事于它自己的职务"。因此，知识的目的是让人更好地生存，而不是为了揭开存在的神秘面纱。这是杜威有别于康德的另一个地方。

对"知识"和"存在"的区分，提供了杜威环境概念的第二项内涵。概括来说，"存在的范围"为认识提供了环境，同时也为认识提供了对象、中介以及检验的手段。环境的这一归属，决定了人的环境包含他异性。一方面，存在可以通过知识来把握，明智的决策与莽撞的试错毕竟还是有区别的。另一方面，存在骨子里又是神秘莫测的，无法准确预知、控制，甚至在根本上有抗拒认知的一面。这是人类认识的处境！正因为如此，人所能凭借的只能是持续的调适，认识活动无法一劳永逸。同为实用主义者的威廉·詹姆士（William James）在1896年的一份演讲稿的末尾，对实用主义的认识理论有一段漂亮的引述，很好地刻画了环境中的他异性及其后果："我们站在风雪漫卷与迷雾萦绕的山巅，只是偶然才可以窥见那不辨真伪的路径。守在这里会冻死，走错路会摔死。而且，我们并不确定是否真有那条正确的道路。那么，要怎么做？'既强且勇'，为了最好的结果，去行动、去期望，同时也准备承受任何可能的结果。……如果终究是死，那就没有什么是比这种死法更好的了。"① 简言之,"存在的范围"始终"迷雾萦绕"，但是"知识"仍旧有可能，且"知识"仍旧有必要。

杜威写道："环境很少仅仅是针对有机体的福祉的，它对生命行为全神贯注的支持是不稳定和临时性的。有些环境的变化是吉兆，有些则意味着危险。"（MW10:16）这里的"吉兆"或者"危险"，都是相对于人而言的。其中，不确定的"危险"，正表明了"存在的范围"对于有机体来说的神秘莫测。尽管现代人有强大的认识能力和丰富的文明累积，但是环境仍旧有超出人认知和控制范围的东西。杜威又写道："经验本身主要由人与自然、社会环境之间的各种积极关系所构成。在某些情况下，活动中掌握主动权的一方在环境这边，人的努力会遭到一定的阻止和偏差。在另一些情况下，周围事物和人的表现有助于个体顺利地实现自己各种积极的趋向，所以，个体最后获得的就是他自己一直希望达成的那些结果。"（MW9:283）在这里，环境带来的"阻止"和"偏差"，与此前那段引文中的"危险"一样，都在表明环境本身的属性。环境会抗拒人类认知的侵入，无论是面对自然物还是面对他人，透明与确定都不代表全景。环境包含的他异性决定了人类认知的处境，让筛选和持续调适成为必要。

---

① James W. The will to believe [M]//McCarthy G D. The ethics of belief debate. Atlanta: Scholars Press, 1986: 71.

内涵三：环境要求持续调适

《确定性的寻求》开篇第一句话是："人生活在危险的世界之中，便不得不寻求安全。"（LW4:3）这个"危险的世界"，不只针对野蛮人或者古人而言。即使在科学昌明的今天，世界本身也仍旧是"危险的"。这代表了人类生存环境不确定的那一面，是由上述"存在的范围"的神秘性所决定的。在这种环境中求生存，人就需要具备针对环境不断做调适的能力。在给《教育百科全书》撰写的"调适"（adaptation）这一词条中，杜威写道："生命的维持要求有机体对其环境进行调适，要求个人对他被置于其中的自然和社会生活条件作出调适。调适的扰乱意味着疾病——身体的、心灵的、道德的；虽然人调适反常条件的能力非常大，但是如果不良顺应非常极端且持续时间长的话，那结果就是死亡或生长的停滞。教育……的整个过程可以恰当地被当作获取生存条件的过程来看待，这些条件将个人导向对身体和道德环境最完全和有效的调适。"（MW6:364）初看起来，这里的表述完全支持比斯塔对杜威教育理论的概括：如果教育的目标指向"对身体和道德环境最完全和有效的调适"，那这不正是比斯塔用"培养范式"一词所概括的批评对象吗？可是，这只是一个初步的印象。一旦追问这里的"环境"具体指称什么，杜威教育理论给人的印象就会大相径庭了。

"在任何一个经济与社会变化如当代生活变化那样巨大而快速的社会中，如果人们试图通过教育来固定个人的社会调整将采取的形式，那是灾难性的。无能与贫困的一个主要原因经常在于这一个事实，即个人是这样被教育得仅适应一种特殊的活动方式，而这种活动方式却是被社会进步所改造，甚至消除的。"（MW6:366）杜威反对那种让人"仅适应一种特殊的活动方式”的教育。在杜威那里，无论是一般的有机体还是人类，所要适应的环境都是自己参与定义的。人与之发生交互作用的环境并非既定之物，更不可以通过教育来指定。杜威固然强调人对于环境的调适，但是他的理论同时还有筛选环境、对环境保持敏感、持续适应环境的内涵。为了顺利存活，有机体必须区别对待周遭各项条件，准确识别那些关键性的因素，及时发现环境提出的问题。那些不能及早发现危险讯号的有机体，会比自己的同伴更容易殒命。同样的，那些不能准确识别环境问题的人，也更可能选择错误的生活道路。过去，我在讨论杜威时更多强调其经验概念中连续性的一面。根据我对杜威环境概念的解读，他的经验概念还包含断裂的危机以及个体为了应对危机而付出的努力。经验的连续性是整体面貌，更近距离观看则会发现这样那样的修复痕迹。在恢复人与环境的平稳交互以前，人与环境的既有关系是紊乱的。正视这种紊乱，接纳环境中不受控的他异性因素，发现问题，这是之所以要求持续适应的理由。调适本身没有方向，适应能力本身有强弱高下，但是没有道德上的好坏之分。人为自己筛选环境，这才让自己的调适行为有了方向，并同时回答了自己是一个怎样的人。

在《我们如何思维》当中，杜威写道：“反省思维的功能是把经验含糊的、可疑的、矛盾的、某种失调的情境转变为清楚的、有条理的、安定的以及和谐的情境。”（LW8:194）这个定义包含思维的两个阶段，一为起点，一为终点：“思维开始于困惑的、困难的或混乱的情境；思维结束于清晰的、一致的、确定的情境。”（LW8:199–200）虽然这句话几乎是对反省思维定义的重复，但是它强调了思维的起点和终点分别是什么。这样的拆分表明，适应环境只是思维终点的状况，起点阶段则是人对于“困惑的、困难的或混乱的情境”的察觉。“没有问题能够离开情境而自行提出。”（LW8:201）没有问题就谈不上适应。

比斯塔认为杜威理论“说明了人类如何反省和明智地适应其所处的环境”（本书第40页），这是只看到反省思维的终点，回避了反省思维的起点。从反省思维的起点来看，比斯塔要反对的东西，恰好可以通过杜威的教育理论去抵抗。比斯塔担心“培养范式”让人变得过分听话、变得幼稚，让人失去“说不的可能性”，这是切断人与环境之间联系的后果。杜威的环境概念，要求巩固人与环境的联系，要求人对环境保持敏感，以便人可以从环境中发现问题。这正是“幼稚”的艾希曼所缺乏的：他放弃了选择，放弃了发现问题，因此也就放弃了主体性。基于这种对杜威环境概念的解读，比斯塔完全可以在不改变自己主张的前提下，继续接纳杜威。

五、结论

在给出结论之前，还有一个可以存而不论但是与本文主题有关的问题：比斯塔为何批评杜威？说这个问题“与本文主题有关”，以至于有必要在最后这个部分提出，是因为比斯塔本人是一位经验丰富的杜威研究专家[①]。我们不要怀疑比斯塔对于杜威作品的熟悉程度，对于上述两节中我的那些有关杜威的概述，比斯塔并不陌生[②]。熟悉杜威作品的读者也许已经看出，

① 比斯塔在1992年完成的博士学位论文就以杜威理论为研究对象。他在2003年出版的《实用主义与教育研究》，则报告了对于杜威知识理论的系统整理和评述。有关比斯塔与杜威的更多渊源，可以参考他的学术自传：Biesta G. From experimentalism to existentialism[M]//Waks L J. Leaders in philosophy of education: intellectual self-portraits.2nd ed. Rotterdam: Sense Publishers, 2014: 13—30.

② 在比斯塔的作品中，也有与前两节内容相似的概述：“杜威在他的哲学中描述这种‘哥白尼式的转变’如下：‘旧的中心是思想，……新的中心是无定限的互动’。……杜威实用主义的主要思想之一是，实在只有当它是活动的结果时，它才自我揭示，而那活动也就是人类有机体的‘行动’。……对于杜威而言，知识的不确定性源于一个事实，即我们永远无法确定过去所发展的行动模式是否合乎我们未来将遇到的问题。”（Biesta G, Burbules N C. 实用主义与教育研究[M]. 林于仙，单文经，译. 台北：五南图书出版股份有限公司，2022：88—89, 92.）

比斯塔与杜威的分歧远不只是《世界中心教育》这一处。比如，杜威讲经验的连续性，比斯塔则会讲中断教学法；杜威讲人与环境交互作用的恢复，比斯塔则会讲教育的美好风险。总之，比斯塔对于杜威的这些批评，既非误解，也非无关宏旨的一时之语。这是一位杜威研究专家所做的、与其本人的理论核心高度相关的批评。因此，本文选择的是一个容易引起比斯塔支持者的抵触且难以盖棺论定的任务。说这个问题“可以存而不论”，是因为本文的重点只在于判断要不要认可比斯塔的批评，回溯比斯塔的写作初衷并非本文的任务。因此，接下来的回答，只作为初步的猜想提出，最终答案仍有待求证。

就我目前掌握的材料来看，比斯塔对杜威的批判可能源于二人在科学观上的分歧。波普尔的科学观相信证伪的力量。库恩则认为科学家也有刻板僵化的一面：不同的科学范式之间具有不可通约性，在新的范式建立起来之前，反常经验或者反证往往会被忽略。① 换句话说，即使是科学家也并不真的就会从错误中学习，反而有可能一再忽略反证。杜威的科学观是波普尔式的，比斯塔的则更接近库恩②。杜威所谓在修复交互作用的过程中实现的学习，与波普尔的名言几乎完全一致：“由于从

---

① 库恩．科学革命的结构 [M]．金吾伦，胡新和，译．北京：北京大学出版社，2003：132−133.

② 有关比斯塔科学观的倾向，更多是出于我的判断，目前还没有看到他公开的表态（库恩的书出版于 1962 年，十分古老了）。只是，比斯塔本人的确引述和比较过这两者，比如：“20 世纪下半叶，由于对科学和科学知识发展的历史和社会学研究的兴起，波普尔对科学及科学方法的规定性方案受到了批评。1962 年，托马斯·库恩出版了他极具影响力的著作《科学革命的结构》。在书中，库恩将自然科学的发展描述为一个革命式过程，而不是知识随着时间推移逐步增长的进化式过程。在库恩以后，科学哲学家开始强调科学（或任何学科）的社会组织对其知识生产的重要影响……。这对我们把教学视为一种社会文化实践有所启示。”[Biesta G, Stengel B S. Thinking philosophically about teaching [M]//Gittomer D, Bell C. Handbook of research on teaching (5th ed). Washington, D.C.: AERA, 2016: 7−68.]

我们的错误中学习，我们的知识在增长，尽管我们决不可能知道——即决不确实地知道。”[1] 如果比斯塔果真更信任库恩，那就不难理解他为什么会拒绝杜威式的科学乐观主义了。

行文至此，我不得不再次援引阿伦特的观点。她对于杜威科学观的不同看法，有助于我们进一步理解比斯塔。1946 年，阿伦特为杜威的《人的问题》写过一篇题为《常识的象牙塔》的书评。在其中，阿伦特讽刺杜威不理解“我们时代的全部社会和政治上的罪恶”[2]。在阿伦特看来，正是科学让人类社会变成了地狱。因此，阿伦特不能接受杜威那种对于科学的乐观和重视。“科学”在阿伦特那里不是一个好词，它和一切“理论”一样与“暴力”联系在一起，也会助长“无思”。杜威说过，“迷信如同科学一样自然”（LW8:131）。这是要提醒人们，迷信也可能有让人信服的外表。与此相反，波兰尼说：“现代科学主义对思想的禁锢与过去的教会一样残酷。”[3] 格林笔下的现代美国人的处境是：“‘官方’解释能够回应一切，好像它们掌握了绝对的自然法则一样；……缺乏专业知识的普通人只能努力适应。”[4] 与杜威式的对于“科学”的乐观不同，在后两位作者笔下，“科学”可以轻易蜕变为对人（包括普通人以及在专业领域外判断力迅速下降的专家）的桎梏。“科学”（尤其是被滥用的“科学”）对于思想的“桎梏”，正是阿伦特要警告的东西。参照以上这几位作者的发言，我们完全可以模仿杜威的语气，给出一个相反的概述：“科学如同迷信一样自然。”

---

① 波普尔．猜想与反驳：科学知识的增长 [M]. 傅季重，纪树立，周昌忠，等译．上海：上海译文出版社，1986：2.

② Arendt H. The ivory tower of common sense [M]//Arendt H. Essays in understanding: 1930–1954. New York: Schocken Books, 1994: 194.

③ Polanyi M. Personal knowledge: towards a post-critical philosophy [M]. New York: Harper & Row, 1964: 265.

④ 格林．学习的风景 [M]. 史林，译．北京：北京师范大学出版社，2016：8.

先是颂扬科学，进而把一部分东西定义为科学，把另一部分东西定义为不科学，这种操作手法司空见惯。届时，蜕变为终极答案的科学，就走向了它自身的对立面，成了取消思考、让人保持依附式生活、让人停留在“幼稚”状态的口实，科学本身成了最大的伪科学甚至反科学。在我看来，比斯塔对杜威的批判，与这种对于科学政治化的警惕有关。

回归正题。比斯塔用“培养范式”所批评的，是让人适应某种既定环境的教育。这种教育让人放弃思考，也不要求持续终生的调适，因为重点只在于追随被认定为合法的、既定的环境要求。这种教育不去锤炼人的头脑，反而要人的头脑最大限度地保持闲置，因此在本质上是反教育的。这种教育让人对于不正义的环境要求失去判断。比斯塔的批评，可以理解为对种种以“科学”之名出场的“伪科学”“反科学”的揭露、警示和反驳。比斯塔的批评指出，适应环境本没有错，问题的关键在于适应哪一个环境；如果把适应环境悄悄兑换为适应某个既定环境，从而在事实上切断人与环境的联系，让人依附于他人的判断去生活，那么这样的教育就会失去高尚的品性，开始变成恶行。比斯塔用“培养范式”来概括自己的批评对象。且不论这个名词本身是不是还有更好的替代品[①]，也不论杜威

---

① 关于“培养范式”这个表达本身，我和比斯塔的看法也有不同。这个话题说来话长，以后再专文报告。这里说两个讨论方向：第一，培养范式是中国人传统的教子术（例如：Hsu S, Wu Y. Education as cultivation in Chinese culture [M]. New York: Springer, 2015.），中国人讲究“蒙以养正”，强调教育要有一个正确的开端，所以在个体少时就要严加约束，谨防一切邪行放佚。这种教育实践乃是基于一套体系绵密的教育哲学，在学理上不宜轻易断定其对错功过。从情感上，我个人对于这种培养范式也更感到亲切。第二，培养范式也是西方教育哲学家认可的一项生活事实。比如，彼得斯谈到过所谓道德教育的两难：一方面道德行为离不开个人的理性判断，另一方面又不能否认儿童早期理性能力的缺憾。（Peters R S. Reason and habit: the paradox of moral [M]//Niblett W R. Moral education in a changing society. London: Faber & Faber, 1963: 46–65.）因此，儿童要“能够并且必须通过习惯和传统这个庭院，进入理性的殿堂”。（Peters R S. Moral development and moral （转下页）

理论能不能被看作培养范式的典型，仅就比斯塔的批评内容本身来说，我认可其中包含的诸多对于现代社会的有力洞察。

尽管有这样的认可，但是比斯塔对于杜威理论的概括却是我不能同意的。我们不能忘记，杜威的认识理论并不追求真理，而是描述了一个随时准备去发现问题、做出调适，以提升行动的明智水平的场面。比斯塔把杜威的教育主张概括为培养范式，这是只看到了杜威理论中的“适应”这一端，忽略了对“适应”提出要求的那些“问题”。请务必记得，先有“问题”，后才有“适应”。“见微知著”从来都是人群中的稀缺能力①，“抱残守缺”才是人群中的常见状况。因此，发现“问

（接上页）education [M]. London: George Allen & Unwin, 1981: 52.）这是一种道德教育上的“反刍”方式：不论“香草”“毒草”，先都统统吞下去，逢适当的时机再细细“反刍”。彼得斯对于道德教育两难的讨论和处理，对培养范式采取了包容的态度。实际上，教育在延续传统这一侧的角色，还有更深一层的意思：让儿童对将要在其中生活的这个世界建立一种初始的信赖（而非怀疑）。这样的信赖至关重要，很难在成年后再做修补。培养范式的教育，包含了亲厚长者对于孩子们的呵护。

赵康在写给《世界中心教育》的书评中提出：“如果不帮助学生（尤其是年幼的儿童）形成对人类行为的规范性认知，这样的教学就显得有点冒进了。因此，主体化如何与社会化 / 资格化彼此关联，就成了一个重要的问题。这个问题本可以在书中有进一步的讨论。”（Zhao K. Book review: world-centred education: a view for the present [J/OL]. Educational Philosophy and Theory，2023[2023−06−12].http://www.tandfonline.com/doi/pdf/10.1080/00131857.2023.2195625.）我在读到这篇文章以后，给他发了这样一条消息：“在大陆哲学影响下的教育哲学，似乎有退回到个体本位教育的嫌疑。这也许是存在主义、现象学的特质所决定的。分析教育哲学家彼得斯在谈论教育时，讲教育是‘initiation’，这体现了他对于知识的重视。迈克尔·扬在 2018 年写的‘powerful knowledge’，也是如此。我想，这些是教育中更为稳健的一个传统。成人社会虽然有坏的方面，但是教育还是能体现成人的善意。我想这是存在主义教育传统过于轻视的一个方面。告诉儿童，他们将要进入的世界，竟然是一个充满了种种居心叵测（的人）的世界。这种教育不会是好教育！这样的教育与阿伦特所说的教师的双重责任也是冲突的。所有这些考虑，都与兄所谈到的主体化与社会化 / 资格化的联系有关。”我在这篇代译者序中对于杜威的讨论，与赵康谈到的问题有关，也与“培养范式”有关。要知道，比斯塔规划的教育目标三领域是一个整体，因此，即使是“世界中心教育”也有保持社会化 / 资格化的一面。培养范式并没有那么不堪。

① 《吕氏春秋》有一段武王伐纣的故事。武王从百姓的“道路以目”，看到（转下页）

题”不是与生俱来的天赋，它与“适应”一样是教育干预的对象。因此，比斯塔在批评当中对于杜威理论的概括并不完整，并且有悖于杜威理论的整体倾向。根据本文提供的对于杜威环境概念的存在论解读，“问题”这一端实际上更加值得强调。杜威式的科学不只允许人思考，而且允许人去感受、筛选以及发现问题。杜威式的科学鼓励人发现和尊重新鲜证据，鼓励人睁开眼睛去发现问题，而不是闭目塞听，以为世界已经得到了一劳永逸的解释①。比斯塔（包括阿伦特）警惕的不是科学本身，他们警惕的实际上是权力对于科学的滥用。值得警惕的不是科学，而是任意妄为的权力。杜威的教育理论要求人始终放眼环境，要求人始终对问题保持敏感、积极应对，这是一种现实的方案，可以把人牢牢拴在大地上，让人免于被各种虚无缥缈的廉价承诺所吸引。总之，比斯塔反对的东西，正是杜威教育理论可以克服的对象②。比斯塔在《世界中心教育》中对于

（接上页）了国家将乱的趋势。这是见微知著的本事。这个故事表明，从环境中发现问题的能力，在人群中是稀缺的：“武王使人候殷，反报岐周曰：‘殷其乱矣！’武王曰：‘其乱焉至？’对曰：‘谗慝胜良。’武王曰：‘尚未也。’又复往，反报曰：‘其乱加矣！’武王曰：‘焉至？’对曰：‘贤者出走矣。’武王曰：‘尚末也。’又往，反报曰：‘其乱甚矣！’武王曰：‘焉至？’对曰：‘百姓不敢诽怨矣。’武王曰：‘嘻！’遽告太公，太公对曰：‘谗慝胜良，命曰戮；贤者出走，命曰崩；百姓不敢诽怨，命曰刑胜。其乱至矣，不可以驾矣。’故选车三百，虎贲三千，朝要甲子之期，而纣为禽。”（《慎大览·贵因》）

① 杜威的科学观迥异于牛顿：在牛顿的世界中有那种一劳永逸的科学，在杜威的世界里则不需要这一设置！比斯塔批判的对象，是类似牛顿式的世界观。这种世界观，杜威也是反对的：“若要自然不至于支离破碎或回复到混沌状态，就需要有一定的保证。如果在一切变化的背后没有一种永恒不变的东西，我们又怎样获得事物的统一呢？没有这种固定而不可分解的统一体，就不可能有最后的确定性。一切事物都处于被分解的危险之中。决定牛顿关于原子的这个根本假定的性质的，不是什么实验上的证据，而正是这些形而上学的恐惧心理。”（LW4:95）

② 本书的若干核心观点正契合杜威的主张，比如：“主体化是关于我如何作为自身生活的主体来生存，而不是作为迎合他人愿望的对象。”（本书第 54 页）“如果说幼稚生活方式的特点是无视真实，只追随自己的欲望，只依据想象行事，那么成熟生活方式的特点就是愿意对自己的意图和欲望做‘事实核验’。”（本书第 59 页）“这样，我们就建构了一个‘对象化’的、排除了风险的世界。……对象只提供了‘非常表面和肤浅的一层东西。它把无法预见、无法料想的一切，也就是人们所说的不可知的一切，统统抛在了一边’。”（本书第 80–81 页）

杜威的批评，不可就此视为定论。

2022年6月24日，翁绮睿编辑发来消息，问我要不要翻译这本书。我粗粗浏览一遍，判断这是一本好书，有介绍给国内同好的价值。可是我也好奇，她为什么不请赵康“出手”呢？于是，我马上联系赵康，说教育科学出版社有意引进这本书。赵康回复，教育科学出版社先已问过他，之所以没有接手，是因为他希望有更多的比斯塔著作的译者。相关经历告诉我，学术翻译不只是文字转译，其中还会体现译者的理解甚至再加工。赵康的想法，我可以理解。赵康是比斯塔的高足，目前就职于浙江大学。如今，比斯塔作品在我国已悄然流行，可最初却要归功于赵康的倡议和推动。他译的《教育的美丽风险》，大概是比斯塔作品中目前流行程度最高的一个中译本了。对于比斯塔的写作能力，我一直很羡慕。他2009年的会议论文《论教育之弱》(On the Weakness of Education)①，我认为是教育哲学写作的一个好模板，多次向学生推荐过。我觉得有必要专门研究研究比斯塔的写作技巧，翻译他的书兴许是一次近距离考察的契机。出于以上种种机缘和考虑，最终有了现在这个译本。

崇拜名家、放弃独立思考，在名家面前始终匍匐着身子，这是理论阅读上的一种常见病。重要作品之所以重要，不是因为绝对正确，而是因为其文本有持续被阅读、讨论以及质疑的必要。关于教育哲学的写作，我过去有过一段类似的评论:“对于那些真正惊才绝艳的人来说，更适合他们的也许恰恰是箴言式的表达。但是，学者不能觊觎这样巨大的影响力。学者可以

① Biesta G. On the weakness of education [Z]. Montreal: 65th Annual Meeting of the Philosophy of Education Society, 2009.

要求的只能是挑剔的对话者，而不能要求信徒。那样的学者，已经放弃了自己的学者身份，开始指望成为教宗了。”[①] 只是复述、不敢稍有反驳，这一类产出会因为批判性的匮乏，而不能被认为是合格的研究性作品。虚己接物，和易谦恭，那是为人之道，并非问学之姿。这篇《代译者序》，我本计划好好打磨，争取带上一点比斯塔式的清新、扼要，结果最终呈现出来的还是如此枝枝蔓蔓。我估计自己在短期内很难改得动它，所以才保留了这么个急就章的状态。不过，即使如此粗糙，它也还是表达了我对于批判性阅读的态度：就算是比斯塔这样的当代名家，其作品也还可以讨论，遑论其余。在国内纷繁复杂的教育舆论场上，阅读者多几分较真，表达者就有可能多几分谨慎小心。

丁道勇

2023 年 6 月于北京师范大学英东楼 310

（个人微信公众号：教师阅读推介）

① 丁道勇．言证的限度：教育哲学对杜威道德教育思想若干争议的处理 [J]. 教育研究，2021(12)：44—54.

中译本序

绝知此事要躬行

——对教育理论化方法的思考

《世界中心教育》中文版即将面世，我受邀就自身工作中的方法问题进行反思。① 从某种意义上说，这个问题完全恰当。因为，可以说所有学术作品都有必要表明自己是如何得出结论的。方法和方法论因此就常常被提出来，作为所得结论或论证的理由。不过，铭记希腊语当中“方法”一词的字面意义仍是重要的。这个词源于另外两个希腊单词，分别是“meta”和“hodos”。“hodos”表示“道路”，而“meta”可以翻译为“沿着”。这样，“方法”就意味着“沿着的道路”或“沿着某条

① 邀请比斯塔写“中译本序”，本意是为了让中译本能有些许不同于英文本的地方。在沟通此事时，我引用了谢弗勒在《教育的语言》“导论”中对于通常所谓“哲学研究”作品所做的区分：一类是对哲学问题的探究或哲学方法的运用，另一类是对前一类工作成果的历史研究。(《教育的语言》是教育哲学领域的经典之一。该书已由本人译出，简体中文版有望在2024年由教育科学出版社推出。) 比斯塔的作品，多可归为前一类。正因为如此，我邀请比斯塔就如何做前一类工作，谈一谈自己的“研究和写作经验”。我的期待包含两个部分：第一，如何得到自己要表达的东西；第二，如何表达自己要表达的东西。目前这篇“中译本序”，把重点放在后一个部分。基于我对比斯塔作品的有限了解，这篇文章写得非常真诚，值得好好研读，其中有比斯塔的写作密码。

“中译本序”的英文标题是“We Walk the Road by Walking”。这个题目与比斯塔在第一段中对“方法”(method) 做的词源分析有关，意在传达本文的主旨：教育理论化的方法并非某种预先规定的、足以规范研究者行动的东西。每一个有价值的、优美的、有力的论证，其完成过程本身就构成了一种方法。“纸上得来终觉浅，绝知此事要躬行。”我化用这句诗，希望可以表达比斯塔的这两层意思：第一，放弃幻想，不要指望有一本教育哲学方法手册；第二，采取行动，在写作、教学等过程中形成自己的方法。——译者注

道路”。

在各学科的当代研究中，人们常常认为方法要在研究之前*预先*确定好，以规定研究者*应该*如何进行研究，进而得出合理的结论。我认为，这基本上是一个错误的想法。当然，了解他人如何得出结论总是重要的，因为我们可以从中获得灵感，有助于我们完成类似的工作，或者避免类似的错误和陷阱。但是，如果研究仅仅是方法的应用，就容易失去思想的细腻性，变成某种重复的套路。好的学术总是包含涉足未知领域的勇气。

有人可能会说，经验性的、非经验性的研究与学问之间，在方法上存在重要区别。我们可以说，经验研究和相关的学问要用到数据，这些数据可以来自观察、问卷调查，也可以来自历史文献或考古发现。而非经验研究（这是我通常所做工作的一个恰当标签），或许最好被描述为构建一个从前提到结论的论证。与数据有关的工作，是可以有方法的，可以描述如何使用数据以及为什么这么做。但是，论证的构建却缺乏这种可能性。以肯定式的表达来说：论证本身就是方法。这意味着任何为论证的正确性提供辩护的理由，都可以从论证本身找到。

然而，一个论证是否令人信服，并不只是逻辑问题。虽然一个好的论证当然要具备合理的逻辑，但是构建一个论证的大部分工作与前提有关，或者用打比方的方式来说，与“场景”的构建有关。一个令人信服的论证试图引导读者从“甲”到“乙”。虽然旅程本身很重要（也就是论证的逻辑），但是论证的品质在很大程度上取决于如何构建和呈现那个“甲”。[①] 换句

---

① 我把“argument”区分为动词用法和名词用法，前者指论证的结论，后者指论证的过程。比斯塔在文中所说的旅程和终点，就可以对应于“argument”的两个用法。不过，与终点（乙）相比，比斯塔会如此强调起点（甲），这是我此前未留意到的。关注起点（甲），进而邀请读者与作者一道发展论证；作者虽然给出了自己的结论，但是打心眼里不封闭结论，不认为起点（甲）只能有（转下页）

话说，更重要的是论证的起点。作者正是从这个起点出发，带领读者体验朝向结论或洞见的那段历程。

可以说，这与论证的修辞“品质”有很大关系，即一个论证（或一系列论证的线索，甚至是一系列论证的组合）能够取信或说服（用更有力的话来说）读者的程度。这其中有一个表达的层面，因为论证的“表达”方式和呈现方式至关重要。但是，这其中也有教育的层面。当教师试图带领学生去领悟和理解时，他们实际上正在做同样的事。他们试图为学生构建一个起点——一个在学生看来可以接受的、令人信服的或显而易见的起点，一个可以作为学生出发点的起点，然后一步步带领学生到达突破认识的境地。（在这里，“突破”是个好词，因为真正的理解往往是某种突如其来的体验。你“看到了”或“领悟到了”，一切就都恰到好处。）

因此，有说服力的论证高度依赖于一个共享的起点，这是作者和读者共享的东西。如果没有这样的起点，就不可能把读者带向“乙”，也就是作者希望向读者呈现的洞察或结论。当然，读者有可能始终不接受结论或始终未被作者说服，但是对结论的理性拒绝，仍然要求作者和读者拥有共享的起点，然后才从这个起点出发、分道扬镳。

这样的起点如何构建呢？这是个有趣的问题。在读自己的作品时，我意识到自己用了许多办法来达成这一点。一个办法是提出某个足够“开放”的问题，读者可以将其视为可接受的、有意义的或至少是有趣的问题。换句话说，它是一个读者能够认可的问题。虽然有可能直接从问题走向答案，但是我发现更有趣的做法是以一个十分“普通”的问题作为起点，逐步

（接上页）唯一的终点（乙）。这是比斯塔这篇“中译本序”的要义所在。（参考接下来关于“教学式写作”的译者注。）——译者注

追问或转换原始的问题，以便某个特定问题所内含的假设可以进入视野，进而受到质疑。

对我来说，这是带领读者走向“乙”的一种有效方式。因为，它允许某种程度的惊喜，尤其是在看起来可以接受的东西实际上却相当棘手，或者在转换之后变成了一个完全不同但有可能更为有趣的问题时。不过，构建共享的起点，也可以援引我们可以称为经验现象或共有经验（用更准确的语言来说）的东西。读者带着自己的经验来阅读，特别是他们自己的教育经验，包括他们作为学生或教师的经验。参考这些经验，是构建共享起点的另一种方式。

这种方式的一个具体“版本”是使用实例①。实例有可能充满力量，因为它们可以用生动的方式让事物变得可见，可以被体验甚至被“感受”到。说到底，好的实例可以在读者当中触发一系列回忆和感受。当然，实例也会很棘手，因为没有一个实例是完美无缺或直截了当的。不过，这并非实例的不足。恰恰相反，好的实例的开放性和模糊性，为读者做相关的思考创造了开放性空间。

实例不是某种花哨的辞令，要在读者不知情的情况下去说服他们。实例让读者能够据此来参与论证的发展过程。这使读者能够提出“是的，但是……”这样的问题。我的意思是，在实例本身以及对实例的使用和讨论过程当中包含了一点什么；同时，从实例当中有可能发展出不同的路径，从而得到不同的结论。

虽然我很希望带领读者从“甲”到“乙”，并期望他们在

① 在《世界中心教育》当中，比斯塔对实例有几次精彩的使用，比如第三章的帕克斯、艾希曼，第四章的莱恩。在写作中使用实例，这个做法本身并不稀奇。稀奇之处在于，比斯塔不是用实例来说服读者（比如，把实例作为事实依据），而是用实例来邀请读者和作者一道发展论证。——译者注

这个过程中能够找到一些值得思考和玩味的东西，但是我也希望读者能够自己思考。这就像我试图教学生们的那样，让他们能够自行思考我提出的问题。这里的一种方法，是给读者或学生提供尚未充分发展、像个半成品那样的论证。不过，另一种相反的方法也是可行的，即提供一种看起来高度“严谨”、完全合乎逻辑、近乎必然的论证。此时，作为作者或教师就可以期待读者或学生意识到，这样的论证“好得让人难以置信”，其中必定包含某些缺陷。①

这不只是一种修辞策略，也不只是一种教学策略，因为它同时也可以说是作者或教师的最高追求，也就是让别人去评判摆在台面上之论证的严密性、逻辑性、说服力等等。相比于一个勉强拼凑起来的东西，它更具创新性的结构，解构起来也会更为有趣。

在研究和写作当中，我觉得自己并没有什么特定的方法，至少没有在研究*之前*就强制研究朝着特定方向发展的那种方法。尽管如此，我仍在试图构建论证，试图带领读者踏上由“甲”到“乙”的旅程。在这个过程中，旅程本身以及起点的

---

① 与英美分析哲学相比，大陆哲学在表达上并不以清晰见长。不过我相信，有建树的哲学家本人，无论隶属于哪个阵营，其头脑一定是清晰的。只是，大陆哲学这个阵营的哲学家，会更钟情于自由、个性、富有感染力的表达，更不喜欢冷冰冰的论证。如果要把教育哲学家划分阵营，那么比斯塔无疑要被归入深受大陆哲学影响的那一批。[Biesta G. Disciplines and theory in the academic study of education: a comparative analysis of the Anglo-American and continental construction of the field [J]. Pedagogy, Culture and Society, 2011, 19(2): 175–192.] 基于这个定位，比斯塔对于论证的态度就容易理解了。

作者期待读者能完全接纳自己的作品，这一点似乎并无不妥。有时，作者的笔力是如此强劲，以至于完全说服了读者，甚至完全控制了读者。与作者不同，教师不适宜有这样的期待。一位能让学生完全接纳其看法的教师，并不是我们理想中的教师。我们会怀疑这样的教师是不是在灌输，是不是在搞思想控制。我们期待教师能多鼓励学生独立思考。基于这点理解，在回复比斯塔的信当中，我说他在这篇“中译本序”中总结的写法，是一种“教学式写作”（writing in a pedagogical manner）。——译者注

构建都至关重要。这不是为了强迫读者接受结论，而是为了邀请读者去评判这种练习对于他们自身的思考以及教育实践的价值和重要性。[1]

最后，我想在这篇有关“我的”方法的简短反思中强调，我将自己的作品视为一种教育理论和教育理论化。对我来说，把教育理论和教育理论化与英语世界中的“教育哲学”区分开，是十分重要的。[2] 我不把自己的作品称为“教育哲学”，因

---

① 在《重新发现教》(*The Rediscovery Teaching*) 当中，比斯塔使用了“无须学的教”这样的表述，并以自己在某个博士生研讨课上的尝试为例。在研讨课期间，比斯塔要求学生放弃学习者身份，放弃“掌握”什么东西的想法，强调这门课程的概念与每个人独特际遇的关联。(比斯塔 . 重新发现教学 [M]. 赵康，译 . 北京：北京师范大学出版社，2021：62–68.) ——译者注

② 比斯塔是荷兰人，荷兰有教育学学科。实际上，比斯塔在本科时就读的就是荷兰莱顿大学 (University of Leiden) 的教育学专业。

比斯塔反复强调，教育是一个独立领域，不是哲学的应用 [比如 Biesta G. Is philosophy of education a historical mistake?: connecting philosophy and education differently [J]. Theory and Research in Education, 2014(1): 65–76.]。在通信当中，比斯塔也表达了对于把教育哲学作为哲学应用的强烈抗拒。这让我想到一个有趣的对比。我手头有谢弗勒《教育的语言》一书的 1962 年版，在这个版本的书衣上，大剌剌写着，这本书是“谢弗勒博士在教育思考和论证上对于哲学方法的应用 (application)”。谢弗勒对于哲学和教育哲学关系的立场，代表了分析教育哲学家的普遍选择。

彼得斯在就职伦敦大学教育学院教育哲学教席时，发表了一篇题为《教育即引导》的就职演说。这篇演说在 1964 年出版过单行本，1966 年被收入《伦理学与教育》当中，成为后者的前两章 (仅指该书英国版，美国版有所不同)。在那次演说中，彼得斯也选择了“应用”说：“……它 (注：指教育哲学教席) 的设立，标志着一个信念，即教育不再是一门自成一家的学问，而是一个类似政治学那样的领域 (field)，历史、哲学、心理学和社会学等学科都可以在其中得到应用。这是对那些我称作‘未分化之混沌状态’的教育理论的远离，正是这类理论在很大程度上导致了教育研究在这个国家的衰落。”(Peters R S. Education as initiation [M]. London: Evans Brothers, 1964: 7.)

比斯塔与分析教育哲学家的立场是十分不同的。

在 2022 年的一个访谈中，比斯塔说教育哲学是英国和北美的一项发明，“二战”以后才逐步取得了制度性的胜利。在以反思性、理论性的方式研究基本的教育问题方面，教育哲学既不是通行的方式，也不是唯一的方式。[Author interview: Gert Biesta, 2023–03–23，取自：https://www.philosophy-of-education.org/author-interviews/author-interview-gert-biesta/. 另参考：Biesta G. Thinking philosophically about education: thinking educationally about philosophy [A]//Matheson D. An (转下页)

为我不认为自己是一名哲学家。换句话说，我不是哲学话语共同体中的一员，这意味着我并没有在发展哲学论证，也没有试图说服其他哲学家接受我的作品具有哲学效力。换句话说，我不是在与哲学家交流。当然，我了解哲学，学过哲学，并且在哲学方面也有一定的资质（至少拥有哲学学位）。但是，我不认为自己的作品是哲学性的。这就像我了解象棋规则，知道如何下象棋，但是永远不会说自己是象棋选手一样。

除了作品的"社会定位"以外，"教育哲学"（philosophy of education）这个英文表达中的"of"一词，在观念和表述上也存在问题。教育哲学假定我们已经知道教育是什么、什么算是教育、什么可以被识别为教育，这样教育才可以被当成哲学反思的对象。然而，这个假设完全不成立。教育并不像树木、行星或骨骼那样存在着，因此就有必要明确什么是教育、为什么它会被视为教育、教育如何体现等等。这不是应用哲学、应用社会学、应用心理学或应用人类学的内容，而恰恰位于教育理论和教育学的领域。我的作品不只是该领域的一个实例，或者更确切地说，不只是展示教育理论可能是什么的一种尝试。我的作品也是对教育在智识上的完整性做辩护。这里所

（接上页）introduction to the study of education. 4th ed. New York: Routledge, 2014: 64–82.] 在荷兰以及德国等地，教育已经通过系统反思，发展成了一门独立的学术性学科；教育研究不像在北美那样，只能寄生在师范学院内。因此，比斯塔多次说自己更喜欢"教育理论"而不是"教育哲学"这个表达（比如本书第75页），他本人也更喜欢被人称为有哲学兴趣和专长的教育学家（比如 Biesta G. From experimentalism to existentialism [M]//Waks L J. Leaders in philosophy of education: intellectual self-portraits. 2nd ed. Rotterdam: Sense Publishers, 2014: 13–30.）。再者，比斯塔在 2012 年曾出版《理解教育：十五位当代教育理论家的自述》一书（Biesta G. Making sense of education: fifteen contemporary educational theorists in their own words [M]. Beylin: Springer, 2012.）。该书内容来自《哲学研究与教育》（*Studies in Philosophy and Education*）杂志五十周年专刊。尽管入选的人物多为教育哲学家——既涉及英美传统，也涉及大陆传统，但是，比斯塔在书名上刻意回避了"教育哲学"一词。——译者注

谓的智识上的完整性，既包括教育实践，也包括伴随这些实践的思考。

随着时间的推移，一些知识领域会逐步成长为独立的学科。但是，在学术上，教育至今还没有实现这一点。在某些国家，教育甚至已经放弃了在学术界以这种方式去定义自身。在我看来，这对教育不利，尤其是在与“其他”学术性学科相比时，教育在地位和权力方面都会受损。这意味着，发展真正的教育理论的尝试，既是一种知识挑战，也是一种政治挑战。从这个意义上说，“我的”方法也是这场持续性的、为教育而做的政治斗争的一部分。

格特·比斯塔

2023 年 3 月于爱丁堡

目　录

vi

前　　言

本书呈现的这些想法，可以说是我过去 35 年来写作、演讲和教学工作的总结。在某种意义上，这一轨迹可以追溯至 1987 年，那年我发表了人生中第一篇学术论文。不过，我对于教育的痴迷——更具体地说是我对于教育“形式”的痴迷（第六章的主题），实际上还要更加久远。这个主题贯穿于我的整个学术生涯，远不只是某个谨慎的选择或决策。

本书谈论了当今教育的一个“缺失维度”，谈论了某种失落和遗忘。这源于这样一种信念，即当代教育话语和实践中缺了某些东西。经过多年的发展，这一信念不仅日益强大，而且更加集中和明确。它们始于这样一种信念，即教育独有的*教育性*[①]部分，已经淡出了人们的视野，至少也已经退居当代教育对话的边缘地带了（另见 Biesta & Säfström，2011；Biesta，2018a）。

当今的教育对话钟情于讨论“学习”和“发展”。然而，一再被人们遗忘的是，“学习”与“发展”本身并*没有方向*。为了让“学习”一词具有意义[②]，总要明确学*什么*以及*为什么*学。这同样也适用于发展，因为发展本身有可能朝向任何方向。因此，只说学校的任务是支持儿童学习、促进儿童发展，这毫无意义。这种说法忘记了，就算是罪犯也一样需要学习和发展。

---

① 我对于“教育性”（educational）一词的用法可能让人感到陌生，在某种意义上甚至显得怪异。但是，我仍然邀请读者继续读下去，后续章节会澄清这一切。我的一位评论者说，以这种方式使用“教育性”一词简直毫无意义，故而有此说明（参看 Biesta，2011）。

② 我在别处（Biesta, 2014a, pp.69–70）提出，“学习”既非动词也非名词，它既不描述任何特定活动，也不指称某种特定的现象或过程，它最多可以被理解为一个评价性术语，是我们在变化发生以后对变化做的判断。在发生学习的当下，我们不知道是否学到了什么，只能在事件发生以后回顾性地得到这个结论。因此，没有什么具体活动可被称作“学习”或“学习活动”，换句话说，更好的表达方式是“研究”“尝试”“努力”之类的词语。我会在第六章再次讨论这个问题。

这并不是说，把学习和发展放在规范的、道德的、伦理的架构内就万事大吉了。即使是目标明确的学习或方向清晰的发展，也仍然没有真正
vii 把握住教育的“事实”。要知道，一个人可以单独学习、单独发展，但是教育至少需要两个人：一个教育者、一个“受”教育者。当然，什么是教育、“受”教育又意味着什么，仍有待进一步追问。

本书探讨的中心思想是，教育关系的核心不在于“接受”教育者可以从教育者那里学到什么，或“接受”教育者可以在教育者的支持下实现哪些发展；问题的关键在于，“接受”教育者*如何对待*自己的学习和发展，如何面对自己要成为的那个人，更具体地说，在*用到所学之物*时，在遇到需要亲自抉择的事情时，他们会怎么做。这里的“某些事情”是什么，关于谁，会在什么时间、什么地点发生，我们永远无法预知。这就意味着，它超出了我们的控制范围。它是某种给予而非选择。

正是在这一非凡而宝贵的地带，教育中的教育性工作得以发生。这种发生没有保障，因此在某种意义上是“不可能的”（参看 Donald，1992，pp.1–16），总会蕴藏风险（参看 Biesta，2014a）。然而，这种风险是美好的（作为一个美学术语[①]），因为这种风险的关键就在于“我”在这个世界中显现。换句话说，这是主体化事件，也就是“我”来到这个世界，作为自己人生的主体，而不是来自“他处”的力量或欲望的对象。

我并不认为这就是教育问题的全部，也没有说学校、学院和大学只需要去关注这一点。我的想法是，当这个维度缺失时，当它被遗忘或被主动抹除时，教育就不再是*教育性*的了。教育会变成物品的制造，即瞄准学习产出，生产具有特定品格、拥有特定能力的学生。教育就成了对象化的过程，或成为针对学生的自我对象化要求。这种缺失会把教育转化为应用心理学、应用社会学、应用神经科学、应用学习理论等，即使怀有满满的善意也忘了提出是否有人“在场”的问题。

然而，正是这样一个可以用多种方式提出的简单问题，成了让教育活

---

① 指的是可以被感官感知到，这是“美学”的原初含义。

动具有*教育性*的关键。在下列各章，我将尽可能表明这种独特的从事教育活动的方式，表明这种从事教育的*教育性方式*。我希望自己的探索是有价值的，但是那些渴望具体建议的读者，一定还是会感到失望。我之所以不提供这一类具体建议，不是因为本书提出的这些想法对于教育实践缺少意义，而是因为我相信教育活动本身就是一门彻彻底底的实践艺术。

这意味着，教育学术的目的不是告诉教育者应该做什么，而是为他们提供有助于实现其教育艺术的资源（关于后一术语，参看 Stenhouse，1988；Eisner，2001），也就是他们自己的教育判断和教育创造。在这方面， viii
我也完全同意理查德·彼得斯（Richard Peters）的看法。他认为，接受教育“不是要到达某个目的地，而是以不同的方式去旅行”（Peters，1965，p.110）。因此，关于本书我最大的希望是可以稍稍改变教育者的看法，稍稍转移一些他们的关注点，这样他们就有可能看到新东西，或者用新眼光来看待熟悉之物了。

虽然这段旅程是我个人的，但我很幸运地遇到了许多志同道合者。他们启发我、鼓励我，提出新问题，也造成了扰动，他们时不时就让我感到困惑，也因此改变了我的看法和轨迹。在旅途中，我尽了最大的努力来面对出现在眼前的一切。这包含风险，有些风险的结果要好一些，但无论如何这些风险都是值得的，尽管它们并不总会让人感到轻松惬意。

与计划在 2020 年做的许多事情一样，本书的写作也经历了一些波折。2020 年 3 月，我收到小玉重夫（Shigeo Kodama）教授的慷慨邀请，计划在东京大学教育研究生院逗留一个月。我原指望在逗留期间可以在写作上取得重大进展，并与同事和学生们讨论这本书的草稿。不幸的是，这次访问不得不取消。直到 2020 年底，我才得以重新着手这本书的写作。然而，我仍然非常感谢小玉重夫教授的邀请。这提供了一个重要的契机，推动我去考虑这本书。我也希望以后有机会能重返日本。

感谢芭芭拉·塔耶尔－培根（Barbara Thayer-Bacon）的邀请，这让我有机会详细探讨学校与社会的关系，并就“学校事实上需要怎样的社会”这个有趣的问题展开工作。感谢克里斯托弗·特谢尔斯（Christoph

Teschers）首先提醒我注意这个问题。感谢吉姆·康罗伊（Jim Conroy）提供的一个富有启发的安排，让我能够探讨有关礼物、天赋和教之礼物的问题。英格丽德·林德尔（Ingrid Lindell）、丹尼尔·恩斯泰特（Daniel Enstedt）和克里斯特·埃克霍尔姆（Christer Ekholm）创造了一个特殊的机遇，让我可以重新审视关于教育目标的看法，尤其是“主体化”这个棘手的问题。

“帕克斯－艾希曼悖论”的想法，是在与帕特里夏·汉南（Patricia Hannam）、大卫·奥尔德里奇（David Aldridge）和肖恩·惠特尔（Sean Whittle）就宗教素养开展的工作中产生的。感谢汉南，我们得以持续探讨宗教教育领域的世界中心教育的意义。约翰内斯·贝尔曼（Johannes Bellmann）加深了我对于德语中“教化”（Bildung）和“教育”（Erziehung）[①]讨论的复杂性的理解，这非常有帮助。感谢卡琳·普里姆

① 为了更新自己有关“主体化”概念的认识，比斯塔在本书第三章引入了德语中的“Bildung”以及“Erziehung”这两个概念，以此来表达无法用英语中的“education”来传达的那些意思。鉴于其对于本书的重要性以及过往中文译法的不统一，关于“Bildung”一词有必要做一番说明。

“Bildung”是德语中非常重要的一个概念，其重要性不只体现于教育领域。伽达默尔曾把“Bildung”作为人文主义的主导概念之一，对其意涵的发展过程有过回顾。关于其重要性，伽达默尔写道：“他（指黑格尔）已经看到，哲学‘在教化中获得了其存在的前提条件’，而且我们还可以补充说，精神科学也是随着教化一起产生的，因为精神的存在是与教化观念本质上联系在一起的。”关于这个概念的内涵，伽达默尔以黑格尔为讨论起点：“人类教化的一般本质就是使自身成为一个普遍的精神存在。”（伽达默尔．诠释学Ⅰ：真理与方法[M].洪汉鼎，译．北京：商务印书馆，2010：23.）尽管缺少统一定义，但是“Bildung”概念总有个别性向普遍性提升的意思。这也是我在理解“Bildung”时，会特别留意的一个地方。

如此来看，“Bildung”一定不同于来自外部的“塑造”“训练”。英语中的“education”，具有强烈的规范性、工具性意味，因此不能对等于“Bildung”。如果在一门语言中，没有“个别性向普遍性提升”的观念，那么这门语言就很可能没有适合的名词来翻译“Bildung”。中文当中有“天人合一”“道法自然”，因此按说是不难找到对译的词语的。关于“Bildung”的中文译法，我最初选择的是“陶冶”，不过最终还是放弃了。（采用该译法的作品，比如：邹进．现代德国文化教育学[M].太原：山西教育出版社，1992：94.）这个译法容易让人联想到“陶范”“陶铸”这些动作，与“Bildung”的原意不符。（国内有人以德国的“Bildung”传统来讨论德育实践中的陶冶法！岂有此理！）勉强选择“教化”这个译名，有两个考虑：第一，在黑格尔译本中，“Bildung”也曾被译作“教化”（黑格尔．精神现象学：下卷[M].贺麟，王玖兴，译．北京：商务印书馆，1979：42–70.）；第二，“教化”中的“化”，与“Bildung”的内涵有部分交叠。在《庄子》里，“化”与“丧我”“物化”“游”等概念有关，共同构造了人摆脱个体性桎梏的一种圆融互摄的状态。（当然，《庄子》里描述的这种巅峰体验，与“Bildung”终归不同。）做这些累赘的说明，是要给读者一个（转下页）

（Karin Priem）向我介绍了克劳斯·庞格（Klaus Prange）的作品。感谢卡斯滕·肯克利斯（Karsten Kenklies）对德国教育思想某些复杂性的澄清。感谢丹尼尔·阿斯克特（Daniel Haskett）为霍默·莱恩（Homer Lane）思想的出版所做的努力，感谢他慷慨分享了关于莱恩的二手文献。

拉克·格朗让（Lærke Grandjean）不断提醒我教育的抗争必须持续， ix
并不断鼓励我坚持下去。斯蒂恩·内佩尔·拉森（Steen Nepper Larsen）则总是在正确的时间提出正确的问题，让我可以脚踏实地。本书的许多思考，都得益于与挪威阿格德大学（University of Agder）同事们的从容对话。感谢特雷·达格·博伊（Tore Dag Bøe）、博德·贝特尔森（Bård Bertelsen）、李斯贝特·斯科雷格里德（Lisbet Skregelid）、莫妮卡·克隆兰（Monica Klungland）、奥斯莱于格·克里斯蒂安森（Aslaug Kristiansen）、达豪斯泰因·诺姆（Dagøystein Nome）、西古德·泰宁根（Sigurd Tenningen）和罗尔夫·松诺兹（Rolf Sundet）的共同智力探险，这把我们带往了一些了不起的方向。我还要感谢赫尔纳·塞韦罗（Herner Sæverot）对教育理论领域的持续贡献，感谢约翰·巴尔达奇诺（John Baldacchino）非凡的精力和热情，感谢卡尔·安德斯·塞夫斯特罗姆（Carl Anders Säfström）的慷慨和友谊。

最后的感谢，要送给多年来为翻译我的作品做出贡献的所有人。我要特别感谢上野正道（Masamichi Ueno），他和同事们一起为我的作品在日本的出版做出了巨大努力。感谢赵康为我的作品在中国的出版所做的重要且持续的努力。

随着《重新发现教》（*The Rediscovery of Teaching*，2017a）的出版，我的

（接上页）提醒：就算是“教化”，也仍旧无法传达“Bildung”的真实意涵。只看中文词的字面，说不清“教化”与“教育”有什么不同。之所以选择“教化”这个译名，只是因为一时找不到更好的选择。为此，本书正文凡用到这两个德文词，我都会在括号内标示出来。

以上旨在说明“Bildung”与“Education”的区分，关于二者之间可能有的联系，下面这段话表述得颇为清晰：Bidung在“个体的统一性”和“世界的完整性”之间做出斡旋。这种斡旋是一个过程、一种状态、一个目标。那些教育（education）目标方面的理想，比如责任感、独立、自主、理性行动等，让“Bildung”在保持“典型尊严”的前提下，成为对普通教育和教育理论的调控性理念（regulative idea）。（Reichenbach R. Bildung [M]//Phillips D C. Encyclopedia of educational theory and philosophy. Thousand Oaks, CA: SAGE, 2014: 86–88.）——译者注

“三部曲”——《超越学习》（*Beyond Learning*，2006a）、《测量时代的好教育》（*Good Education in an Age of Measurement*，2010a）以及《教育的美好风险》（*The Beautiful Risk of Education*，2014a），变成了四部曲[①]。这已经让我非常惊讶了。现在，让我更惊讶的是，这竟然已经发展成了五重奏。贝尔托·布莱希特（Bertolt Brecht）在《墨子：万物之流的干预者》（*Me-ti: Book of Interventions in the Flow of Things*）中写道：“每位教师都得学会在恰当时机停止去教。这是一门艰深的艺术。只有少数人能够在时机成熟时，让实在来取代自己的位置。”（Brecht，2016，p.98）“五重奏”中第五卷的到来，也许意味着是时候去听从布莱希特的建议了。

2021 年 1 月，于爱丁堡

① 这四本书均已有中文版，分别为：比斯塔. 重新发现教学 [M]. 赵康，译. 北京：北京师范大学出版社，2021；比斯塔. 超越人本主义教育：与他者共存 [M]. 杨超，冯娜，译. 北京：北京师范大学出版社，2020；比斯塔. 测量时代的好教育：伦理、政治和民主的维度 [M]. 张立平，韩亚菲，译. 北京：北京师范大学出版社，2019；比斯塔. 教育的美丽风险 [M]. 赵康，译. 北京：北京师范大学出版社，2018.——译者注

致　谢

第二章的想法初见于《哲学研究与教育》（*Studies in Philosophy and Education*）（2019 年第 38 卷第 6 期第 657—668 页），文章标题为《学校需要何种社会？：重新定义浮躁时代教育中的民主工作》（What Kind of Society Does the School Need?: Redefining the Democratic Work of Education in Impatient Times）。第三章的材料首次发表在《教育政策前瞻》（*Policy Futures in Education*）上（2020 年第 18 卷第 8 期第 1011—1025 页），题为《对教育事实的主流描述是完整的吗？：论帕克斯－艾希曼悖论、鬼魅般的超距作用，以及教育理论中遗失的维度》（Can the Prevailing Description of Educational Reality Be Considered Complete?: On the Parks-Eichmann Paradox, Spooky Action at a Distance, and a Missing Dimension in the Theory of Education）。第三章乃基于《教育理论》（*Educational Theory*）2020 年第 70 卷第 1 期第 89—104 页的文章《在教育中历险：再论资格化、社会化和主体化》（Risking Ourselves in Education: Qualification, Socialization and Subjectification Revisited）。对马里翁作品的初次探讨，发表在《道德教育杂志》（*Journal of Moral Education*）（2020 年）上，题为《教之礼物：迈向道德教育非自我中心主义的未来》（The Three Gifts of Teaching: Towards a Non-egological Future for Moral Education）。获许在书中使用这些材料，我心存感激。

第一章　我们要对儿童做什么?

这是一本关于教育的书，不是第一本，也绝不会是最后一本。因此，1
人们很可能想要知道，在持续增加的出版物当中，有没有什么还有待补充。更重要的是，关于教育还有什么*新鲜*东西可说。关于这本书，我没有什么太大的抱负。我不是要提出什么教育上的革命性见解，也不是要为教育政策提供新的主题，或为教育实践提供新的模式、新的方法。实际上，我常常认为当代教育的主要问题之一就是有太多模式和方法了，其中的很多都承诺自己能够一劳永逸地“修复”教育。来自多个学科领域的研究，在持续为此类“解决方案”的涌现做出贡献。不过，关于教育*是什么*以及教育应该*服务什么*的讨论，全球教育测量业（Biesta，2015a）很可能已经成为其中的最强音了。

有鉴于此，大量政策制定者和政界人士缺乏有意义的视角，来看待国际学生评估项目（Programme for International Student Assessment，PISA）以及诸如此类的发现，这就未免让人感到失望了。他们要么以位居“榜首”而自豪，要么认为已经出现了需要“紧急关注”的“严重问题”。在挑战全球教育测量业似乎已经成功建立的“教育路径”（D'Agnese，2017）方面，这些下意识的反应几乎毫无建树（另见 Derwin，2016）。政策制定者和政界人士也许还有回旋余地，虽然他们也身处复杂的政治和政策制定机制当中。与之相比，学校、学院和大学层面的类似空间就要逼仄得多了。在这里，教师和管理人员通常只是简单服从持续的政策指令，很
少有机会应用自己的判断力和能动性（参看 Priestley，Biesta & Robinson，2
2015）。如果他们的工作就是为了学生考试成绩的持续提高、为了确保学生沿着预定轨迹持续进阶，那么问题就会尤其严重（比如，参看 Baker et

al.，2010；Ravitch，2011）。

许多此类发展会有一个相当奇怪的方面，即它们都源于良好的意图，尤其是都承诺要改善教育。在自己相当长的教育生涯中，我实际上从未遇到过任何故意让教育变得更糟糕的人。每个人似乎都在致力于教育改进，尽管在什么是改进以及实现改进的有意义方式方面想法各异（另见 Biesta，2016a）。当然，也有某些精英倾向的议题，会关注少数人而不是多数人的改进。所有这一切，加上世界各地教育“产业”的庞大规模，有助于解释为什么这个领域似乎正朝着如此多彼此各异甚至截然相反的方向发展。有如此多的“推力”和“拉力”在拉扯牵绊，让保持方向感甚至是建立方向感变得越来越困难。这对政策制定者和政界人士来说是一个问题，对教师和管理人员来说也是一个问题，甚至对各级各类教育机构的学生们来说也同样如此。

所有这一切，因为两个方面的发展而进一步恶化。一是教育话语的品质持续恶化。正如我在之前的作品中经常讨论的那样（特别是 Biesta，2006a，2010a，2018b），教育话语已经被无聊乏味、对教育了无益处的学习语言所主导，而且这类语言还在持续增生。另一个事实是，教育包括如何改进教育的问题，主要被视为*控制*的问题。巨额资金被投入研究，旨在找出哪些教育“干预措施”在产生特定“结果”方面最有成效。除此以外，学生自己也越来越成为这种抱负的合谋者。比如，当学生被要求做“自律的学习者”、被要求成为学习的“主人”时，情况就是如此。这种策略听起来好像是要给学生自由，而实际上是我倾向于视为自我对象化的一种要求（另见 Vassallo，2013；Ball & Olmedo，2013）。

作为主体生存[①]

在这一切当中，有件事几乎被遗忘了（有人会说，在诸事之中，*最容易*忘却的恰恰是这一点）：学生不只是各种效果未知的教育“干预”的对

① “生存”（existence）及其同根词是本书的关键词，其译法参考了“雅斯贝尔斯著作集”。在该（转下页）

象，他们本身即是主体。换句话说，几乎被遗忘的一点是，教育的全部意义绝不是让学生持续接受外部控制；用拗口一点的话来说，教育应该始终以提高全体学生“发挥”自身“主体属性”（subject-ness）的能力为目标。这可能是学习语言的主要问题所在。因为，一旦声称教育“完全关乎学习”，我们很快就会忘记，真正重要的问题恰恰在于学生会如何*对待*所学的一切。我们迅速投入监控和测量学习本身的工作之中，试图寻找带来预期学习产出的各种干预措施，试图控制一切。在这样做的过程中，很容易忽视的一个事实是，儿童与青少年也是人，他们要在自己的生活中迎接挑战，努力过好自己的生活。 3

在本书当中，我认为正是这个*生存*问题才是最核心、最根本的。如果有人愿意，也可以说这才是终极的教育关怀：作为人类，我们如何在自然世界和社会世界中生存，如何与自然世界和社会世界共存（exist “in” and “with” the world, natural and social）。这是我提出*世界中心教育*的原因，即专注于武装和鼓励下一代，让他们得以在世生存、与世共存

（接上页）套书中，“existenz”（英译是“existence”）更经常被译作“生存”（也被译作“存在”“实存”）。

在《雅斯贝尔斯传》中有一段对雅氏生存哲学的精辟概括：“所有基本境况都以此在的有限性为基础，只要人把自己理解为有限性和无限性的综合，基本境况就是临界境况。作为有限的此在，人有出生，趋向死亡，同其他此在处于斗争之中；……人能够用非本己的生存把最终境况掩盖起来，能够经验、体验到最终境况并由此而朝向生存突破。只有在经验到基本境况时，基本境况才是临界境况。这样，‘界限’就不再是对此在的限定，而是此在清晰地趋向超越的场所。‘界限表达的是：有另外的东西……’在对一个和另外一个的经验中，此在转变为生存。‘经验临界境况和生存是同一回事。’”（萨尼尔．雅斯贝尔斯传 [M]. 张继武，倪梁康，译．北京：商务印书馆，2022：110.）在雅氏这里，“生存”指认识到“此在”之“基本境况”的人在面对“临界境况”时的一种可能选择。这个人选择自由，在“对一个和另外一个”（人或物）的沟通经验中“突破”自身的“界限”，令自身可能的“无限性”得以显现。通过持续的选择，人突破了“有限性”的限制，让“此在转变为生存”。总是不满、不安的人，由此重新得到了安顿。关于雅氏理论，尤其可以注意两点。(1) 他人和外物为人划定了“界限”，也为人提供了“趋向超越的场所”。“生存”意味着人不只是“他所是、所知或他的所做所为”（黄藿．雅思培 [M]. 台北：东大图书公司，1992：66）。(2)“生存”是突破“界限”之后的显现，不是认识的对象，不是理论努力的成果。雅氏的生存哲学所描绘的是个人通过持续努力超越孤独和虚无的美好图景。

比斯塔书中的“人的生存”“作为主体生存”“在世生存、与世共存”以及“生存教育”，都在讲“生存”，都在讲人是否选择运用自己的“主体属性”。在我看来，这些内容适宜参照雅氏理论来理解，尽管本书并未引用过雅斯贝尔斯的观点。——译者注

（exist “in” and “with” the world），并且是以其各自的方式来做到这一点。当然，以自己的方式生存并不意味着“为所欲为”。相反，作为主体在世生存、与世共存，就要承认这个世界（无论是自然世界还是社会世界）会对我们可以欲求什么、改变什么做出限制、设定边界。（这既是民主问题，也是生态问题。）这是我继续欢迎“主体”一词的主要原因。它强调我们是自身行动的发起者；*同时*，用汉娜·阿伦特（Hannah Arendt）的术语来说，我们又受制于世界（自然的和社会的）对于我们的“开端”所“做”的一切（参看 Arendt，1958，p.184）。因此，“主体”（或用另一个更拗口的名词来说“主体属性”）（另见 Biesta，2017a，Chapter 1）不是指个体，而是指个体如何*生存*（另见 Böhm，1997）。

本书的生存取向，并不意味着否定儿童发展和学习的事实。但是，正如约翰·杜威（John Dewey）已经指出的那样，“彻底”的儿童中心教育完全受儿童如何学习、如何发展的指导，实际上“相当愚蠢”（Dewey，1984［1926］，p.59）。作为教育者，我们至少应该对儿童的发展方向、儿童可能学习的实质内容抱有兴趣。因为，学习和发展可能有很多方向，并非所有方向都有助于应对努力过好自身生活的挑战。不过，彻底的课程中心教育也同样“愚蠢”，因为这只是要把课程内容传递给儿童，对保存和复制加以监控，完全不关心儿童是谁，不关心他们可能会怎样对待自己获得的所有这些。这种教育也同样遗漏了教育的生存视角。在我看来，这也就完全丧失了教育的意义。

“教育”

在所有这一切当中，有一项复杂因素与“教育”这个词有关。更重要的是，英语中只有一个词可以用来表达教育“本身”以及与教育“有关”之事；而诸如德语、荷兰语或斯堪的纳维亚语系的词汇则要更加多样化，从
4 某种意义上说，其词汇也要更加细腻准确。当然，英语中“教育”一词的开放性也有一些好处。因为足够模糊，所以它可以容纳一系列不同的解释

和定义。然而，这也可能让人感到困惑，特别是当人们认为自己在谈论同一项“事实”，而实际上指称的是完全不同的现象或议题时。解决这个问题的办法，不在于争论这个词的“正确”定义为何，或争论谁真正“掌握”了“教育”的内涵。真正的挑战在于，发展一种表达方式，以便足够准确地表明“教育”意味着什么以及“教育”应该强调什么。这是我总说语言对教育举足轻重的原因（参看 Biesta，2004），也是我持续寻找新的、更精确的、更有意义的方式来表达教育“本身”以及与教育“有关”之事的原因。

因此，首先应该澄清的是，在使用“教育”一词时，我倾向于将其视为动词而不是名词。对我来说，“教育”指的是一类活动，是教育者所行之事。用更正式的方式来说，我会说教育是一种刻意的行动，即教育者*有意*完成的事。对我来说，这还包括刻意的*不作为*。这种不作为在教育上至关重要，尽管把它纳入其中可能会略显怪异。毕竟，在某些时刻，教育者的最佳选择是*不*行动、*不*干预、*不*说任何话、*不*好为人师、闭上嘴巴，因为“好为人师”的结果很可能是事与愿违。因此，“教育”对我来说并不是一个或多或少“无定形”的过程，该过程在某种程度上可能会、也可能不会对儿童产生影响。我并不否认这种情况可能会出现，也不否认这种情况可能产生影响，但我仍然建议保留“教育”一词，用来表示某种更具体、更刻意的行动，如果可行的话，用来指称刻意的*教育性*行动。

我们要对儿童做什么？

这个提问会立即引出一系列进一步的问题，比如为什么此类行动确实存在？此类行为的意图是什么？如何证明此类行动的合理性？（关于后一个问题，可参看 Flitner，1989 [1979]；Prange，2010。）关于第一个问题，我们可以沿用德国教育家西格弗里德·贝恩菲尔德（Siegfried Bernfeld）的看法，即教育是社会对“发展事实”的回应（Bernfeld，1973，p.51）。不过，我更倾向于阿伦特的表述，即教育与“我们对待新生性这一事实的态度”有关，“我们都通过降生才来到这个世界，这个世界通过这样的降生不断得到更新”。（Arendt，1977，p.196）因此，在更日常的语言中，我们可以说教育始于一个简单的问题：“我们要对儿童做什么？”

这个问题虽然听起来简单，但它实际上很快将我们带入了教育的一些
5 主要困境和持续难题之中。这个问题先是凸显了“我们”的存在，从而提出了这个“我们”是谁的问题，即作为教育者的身份为何，以及是什么在最初赋予这个“我们”对“儿童”“做”一点什么的权利？这个问题也凸显了一个被称为“儿童”的范畴的存在，这引发了若干进一步的问题，比如：谁被包含在这个类别之中？在教育背景下的儿童概念实际上指的是什么？以及，为什么“我们”会假设“儿童”真的*需要*教育？

关于后一点，可以说“我们要对儿童做什么”的问题，实际上是相当专断的——好像是由“我们”来决定，而“儿童”只是在接受。这有助于发现，教育从根本上说总是作为一种*不受欢迎的*干预出现的，教育不是“儿童”要求的。这也有助于发现，教育总是作为一种*未经授权的*干预出现的，这一点同样很重要。教育总是表现为权力的行使。回顾往昔，儿童有可能缅怀自己的老师，并确认他们的干预在事实上提供了帮助，但是这并不能保证儿童总会如此。如果情况确实如此，我们可以说是儿童在“授权”教育者去行使那种权力，从而将（单向的）权力转变为（关系性的）权威。[①] 但是，作为教育者，我们永远不能假设或想当然地以为这一点迟早会发生。这就意味着，在教育中*我们本身*总是冒有风险。（我会在第四章回到这一主题。）

① 有关这种机制更详细的讨论，参看《重新发现教》第一章（Biesta，2017a）。关于权威的关系性实质，参看 Bingham，2009。

那么，我们到底要对儿童做什么？

翻看西方教育史，对于“我们”要对儿童做什么的问题，亦即对于教育要义的问题，我们可以发现许多不同的答案。有趣的是，其中的许多答案仍在当代思想和实践中发挥着作用。

比如，古希腊教育的主要议程以博雅教育（*paideia*, παιδεία）为名，是给予自由男性（而非女性、奴隶或工匠）时间和资源，来培养其实现公民之卓越（ἀρετή）。无论是从*教化*（Bildung）、自由教育（正向的）中，还是从精英论教育的观念（负向的）中，我们都可以识别出这一点。伴随宗教改革，《圣经》成为人人可读的一本书，于是确保人人都*有能力*阅读就被纳入了教育的议程。这就是“识字能力”这个主题，它同样延续到了当代。启蒙运动的主题，是主张每个人都应该独立思考，应该被允许独立思考，也就是运用自己的理性能力。我们今天仍然可以在批判性思维的教育概念中发现这一点。有趣的是，伊曼纽尔·康德（Immanuel Kant）作为德国启蒙运动的主要哲学家之一，并不十分强调发展批判思维能力的必要性，而是更强调运用理性能力之*勇气*的培养。[①] 到了 19 世纪末，教育越来 6
越有兴趣为每个人提供教育机会，并且追求以平等的方式来实现这一点。同样，这在今天仍然是一个重要主题。联合国的可持续发展目标，以及许多国家为每个人提供平等教育机会的目标就是这方面的实例。

对比这些令人印象深刻的目标，我们这个时代的教育对话似乎集中于在 PISA 中取得高“分”、变得和“芬兰”或任何新晋“冠军”国家一样好、在任意一个排行榜中占据鳌头等等。这不得不说是让人沮丧的。现在可以说，这只是我们当下做出的选择，就像我们在此前时代做出的不同选择一样。（当然，谁在这些选择中真正拥有发言权，仍旧很关键。）诚然，教育应该追求什么目标，其答案只是历史的偶然。基于不同历史时期的不同历史发展，答案的内容也会有差异。但是，这种偶然性并不意味着答案

① 康德将启蒙运动的“座右铭”表述为：“勇于运用自己的理解。”（Kant，1992，p.90）

会凭空出现。相反，这意味着我们给出的答案，取决于我们试图去关联的历史，也就是我们认可的并视为“我们的”那些历史。

“奥斯维辛”以后的教育

从教育角度看，我认为我们仍然生活在“奥斯维辛”的投影之中。“奥斯维辛”向我们表明，系统*消灭*（其他）人类是一种真真切切的可能性。不仅如此，凭借这样的做法它还向我们表明，系统地把（其他）人*对象化*是一种具有灾难性后果的实实在在的可能性。我之所以同意西奥多·阿多诺（Theodor Adorno）在《奥斯维辛之后的教育》一文中的开场白，原因就在于此。他在文中指出，“对所有教育的首要要求是，再也不要发生奥斯维辛这样的事”（Adorno，1971，p.79）。有趣的是，阿多诺补充说，“与任何其他要求相比”，这一要求都具有优先地位，以至于“不需要也不必证明其正当性”，因为“面对那些真实发生的恐怖，再去证明它的正当性才是让人感到恐怖的”（Adorno，1971，p.79）。

当然，同意这是对所有教育的首要要求是一回事，弄明白教育*如何*确保“奥斯维辛”不再发生又是另一回事。在这方面，普里莫·列维（Primo Levi）的观察是，*既然*“奥斯维辛”已经发生过，那么“它就有可能再次发生”（Levi，1986，p.199）。这一观察也许更加真实，也更加诚实。这个观察意识到，“奥斯维辛”不只是应当远离的、*外在于*我们的恶，我们每个人的身上其实都*内含了*“奥斯维辛”的可能性。

“奥斯维辛”不仅向我们展示了*恶*的可能性，而且还展示了恶实际上可以多么“平淡”（Arendt，1963）。“奥斯维辛”因此也让我们面对自身拥有的*自由*：我们之自由的事实、自由的“议题”、自由的问题，乃至自由的谜团、自由的奥秘。“奥斯维辛”告诉我们*可以*行动，也提醒我们*必*
7 *须*行动。也就是说，生活不是摆在我们面前的既定事实，我们本身就是生活的*主人公*。（当然，这并不是说我们的能动性是完备的、毫无限制的。）我们总是在一个自然世界、社会世界之中行动，而后者并非我们的创造，它同时为我们提供了可能性和限度。当然，我们也可以发挥能动性来主动放弃自由，可以决定向外部权威交出自由。于是，在某些情况下可能非常重要的*信从*，就此变成了*盲从*。我们最终可能陷入某种境地，或“发现”自己身处某种境地。在其中，我们对于自由的所有想法只是不曾出现或不可能出现（关于这一点，参看 Freire，1993）。

让 – 雅克 · 卢梭（Jean-Jacques Rousseau）的《埃米勒》（*Emile, or On Education*）（1762）是最早将自由问题明确纳入教育议题的文本之一。卢梭在书中认为，教育者的一部分工作，是保护埃米勒[①]免受外界过于强烈的影响。这在该书著名的开场白当中就有所体现：“出于造物主之手的一切东西，最初都是好的；一切东西在人的手里都开始退化。”（Rousseau，1979，p.37）不过，卢梭也详细说明了教育者应该做些什么，来确保埃米勒不会被来自“内部”的力量（也就是“激情”）所压倒。

因此，与通常的看法不同，卢梭并不提倡某种浪漫派的儿童中心教育。在这种教育中，世界被认为是“坏的”，儿童被认为是“好的”（关于这一点，另参看 Böhm，2016）。相反，在卢梭的“设计”中，最重要的是确保儿童作为自身生活的主体，在世生存、与世共存。可以说，教育者的工作在于保护儿童的内部“空间”，保护让儿童作为主体生存成为可能的诸多条件。

因此，我们可以更一般地说，卢梭将教育者的工作描述为，旨在给新生代作为主体生存提供公平的机会。我因此认为，这是“我们”想要对“儿童”做一点什么的关键理由。当然，儿童仍然要“运用”自己的主体属性，这是教育者无法替代儿童做的事。然而，教育者仍然可以鼓励儿童“接受”其主体属性，帮助他们不要忘记作为自身生活主体来生存的可能性，并付出努力让这种可能性得以继续保存。

---

① “Émile”在书中是男性人名。这个词的法文读音不似“爱弥儿”，更接近“埃米勒”。之所以把“爱弥儿”这个奇怪的表达当作男主人公的名字，可能和第一个中文译本有关。（卢梭 . 爱弥儿[M]. 魏肇基，译 . 上海：商务印书馆，1923.）据说该译本转译自英译本，而英语中“Émile”一词的发音的确接近“爱弥儿”。此外，在民国时期，“Émile”一词也曾被译作“爱美儿”“爱弥尔”“爱弥耳”“哀米尔”“爱弥肋”等。——译者注

宽泛的教育

至此，可能出现的问题是，这是否就是“我们”要对“儿童”做的所有事？这是否就是教育的全部内容和应做之事？这并非我在本书当中倡导的立场。除了我称为*主体化*的重要工作以外（让儿童的主体属性“发挥作用”），教育在为新一代了解过去和现在的传统、文化与实践提供方向方
8 面，也发挥着重要的作用。这是*社会化*的重要且艰巨的工作。这提出了所有那些复杂的问题，比如：既然不可能为每个人（重新）呈现一切，那么怎样在课程中（重新）呈现这些传统、文化和实践？如何做出有意义的选择（参看 Mollenhauer，1983）？不过，社会化工作之艰巨还不只如此。这项工作之艰巨，还因为社会化总有忘记学生主体属性的风险，把他们转化为“有待社会化的对象”，然后根据学生与*我们*理想的接近程度来衡量教育到底有多“成功”。这是许多即使出于善意的社会化议程仍旧容易犯的错误。

除了主体化、社会化以外，教育在为新生代提供“生活装备”方面，还有别的重要工作要做。这是肯尼斯·伯克（Kenneth Burke）的一个有用短语（参看 Burke，1973；Rivers & Weber，2010）。*资格化*的艰巨工作，是为学生提供让他们能在世界上行动的知识和技能。同样的，这项工作之艰巨，也不仅仅是因为要“提供”哪些知识和技能的问题。这项工作之艰巨，还因为在让资格化工作高效、有用并最终“完美”的愿望中，学生的主体属性有可能被遗忘（关于完美这个问题，参看 Biesta，2020a）。正如我已经指出的那样，这是“测量时代”实实在在的风险。这个时代痴迷于制造可测定的“学习产出”，而不是一心去鼓励儿童和青年凭借自身能力变得渊博、娴熟。

因此，我不主张用主体化*取代*资格化和社会化，而是建议*改变我们在教育上的优先次序*。现在，资格化似乎占据了教育领域的中心。在关注儿童和青少年的行为时，社会化容易进入视野，这通常是它被纳入价值教育、品格教育、公民教育或环境教育等内容的理由。在这样的设置中，对

作为主体的学生和对学生主体属性的关注，往往是作为一种奢侈品在最后才出场的，也就是当所谓基础已经得到关照并且还有时间剩余的时候。这意味着，主体化可能发生在某些人身上，而不发生在另外一些人身上，或可能只是偶然才会发生。

我的建议是，承认学生的主体属性问题是教育的真正“基础”，从而把这种课程层级结构翻转了过来，视为一种“翻转”课程（不是翻转课堂）。当然，这种主体属性并非存在于真空当中，而是始终“在”世界之中和“与”世界共存，这意味着教育要为学生主体提供指引，要为学生主体装备知识和技能。这样，学生主体就可以在世界之中找到自己的方式，并可以在世界之中行动。但是，如果不关心学生的主体属性，也就是不关心学生作为主体生存的可能性，教育就不再是教育性的，而会成为效果不一的、对于对象的管理了。

本书概述

9

本书各章围绕两个观念展开。第一，教育问题从根本上说是*生存*问题。也就是说，教育问题与我们如何努力作为人来生存有关：我们如何努力在一个不是我们创造的世界中生活并与之共存，这个世界没有义务为我们提供所要求或期待的一切。[①]用阿伦特（Arendt, 1994）那句优美的话来说，生存挑战是“在这个世界安居”（另见 Biesta，2019a），意识到在世界中生存要求我们离开自己的“家”。本书的另一个关键观念是，与这种生存挑战相关的教育“工作”[②]是指向学生的。因此，这无关于学生的学习或理解（从学生走向世界），而是关于历程中发生了什么、什么在向他们说话、什么在打动他们、什么被给予了他们，而不论他们是否寻找，不论他们是否需要。这意味着基本的教育“姿态”是*教*，尽管我马上会补充说，

① 后一种说法归功于《乱世佳人》的作者玛格丽特·米切尔（Margaret Mitchell）。

② 要强调的是，我在这里指的是中性和日常意义上的“工作”，也就是教育者的活动或行动。这里的“工作”，不是阿伦特在区分劳动、工作和行动并将它们作为积极生活三方式时的用法。

*教育性的*教（或用一个略好一点的短语来说：有教育意义的教）从来都无关于控制学生，而是为了提醒学生关注自身主体属性的可能（另见 Biesta, 2017a）。

在第二章，我从“学校”与“社会”关系的角度来讨论这些问题，而不问学校应该为社会“*做*”什么。（后者似乎已经成为最突出的方式，基于此，今日学校的任务可以得到理解。）我问社会应该为学校“做”什么，以便让学校成为学校，让自由、解放的时间有助于在主体属性方面给下一代一个公平的机会。我认为当代社会在多大程度上成为“冲动社会”，就会在多大程度上让这种逻辑成为教育机构的一部分，教育机构仍能够从事教育工作的机会也相应地大大减少了。

在第三章，我将详细展开“教育问题本质上是生存问题”这一主张。一方面，通过对我所说的帕克斯－艾希曼悖论的讨论，试图弄清什么是生存问题，以及它们与我们看待人及其学习和发展的其他方式有何根本不同。我还讨论了这如何体现于教育本身，提出除了教育作为塑造过程的流行观念之外，我们还需要一个不同的、生存的“范式”，以确保在教育理论和教育实践中，教育的生存核心都能得到适当体现。

第四章更详细探讨了教育实践，探讨了作为教育目标三大领域之一的“主体化”概念包含的内容，这也意味着我试图从多个角度阐明主体化*无*关于什么。乍看起来，教育的许多方面都可能与主体化有关，但最终结果
10 往往是把主体化“置于”别的东西之后。关于主体化的讨论，也让我有机会强调（相对于教育的生存维度）教育性工作到底是怎样的，以及这项工作的三个关键品质：扰动、暂停和维持。

教育是一种刻意的行动，因此是某种降临到学生身上的东西，是某种给予，而不是选择。这一观点构成了第五章的核心。在这一章，我将概述自己对教育中的学习语言以及更一般的“学习化”教育话语和实践的关注，进而在此基础上探讨“给予”的观念。通过与让－吕克·马里翁（Jean-Luc Marion）若干观念的对话，我试图表明认真对待“给予”意味着什么。正如我试图解释的那样，“给予”不是“选择”。我还通过强调教的

三个“礼物”，来说明给予在教育中的表现。

第六章继续讨论教。基于庞格的作品，我认为不仅仅是教的意图，教的形式本身也具有教育意义。从把教当作（重新）引导他人注意力的古老观念出发，我重构了庞格操作性教育理论的主要方面，以说明教的教育意义不是某种需要从外部附加的东西，而是实际上已经可以从教的实施方式中找到的。正如庞格解释的那样，此时的教被作为指向世界的一种行动，它始终是在向某人展示这个世界。我提出，教育性的教，其姿态是召唤学生关注这个世界，并且去关注自己的这种关注。

在最后的第七章，我（重新）回到世界中心教育的观念，关注的问题是如何更好地理解我们与世界的邂逅。我没有从学习和理解的姿态来思考这个问题，那是把学生置于中心，并且把世界当成了学生的对象。我从相反的方向来探讨这个问题。此时，世界在对我说话，世界在面对我，并在这个意义上试图教我。这种姿态没有把学生放在中心，而是把学生放在聚光灯之下。因此，这里的主导性问题，不是我想从这个世界得到什么，而是这个世界对我提出了什么要求。我认为这是世界中心教育的核心“姿态”。正是在这个地带，教育中的教育性工作得以发生并取得了一席之地。

世界中心教育理念背后的主导直觉，布莱希特在关于现代戏剧的观察中很好地捕捉到了。对于布莱希特来说，“不能以在满足观众习惯方面的成功来评判它，而要以它在改变观众习惯方面的成功来作为判断标准”(Brecht，1964 [1944]，p.161)。这意味着，需要问的“不是它能否让观众对买票发生兴趣——这是剧院本身的兴趣所在，要问的是它能否让观众对这个世界发生兴趣”(Brecht，1964 [1944]，p.161)。

一种面向当下的看法

这让我们来到了本书的副标题：“一种面向当下的看法”。教育服务于未来，因此要面向未来，这似乎是某种共识。面向未来的教育理念，实际上已经成为当代教育非常流行的一个表达了。考虑到世界变化如此之快，以至于我们根本不知道未来会怎样，那么情况就更是如此了。这已成为一种论证，即教育不应再专注于给孩子们知识——通常指“过时的知识”，而应该专注于给他们快速、有效适应不断变化之环境的技能。然而，这个想法本身存在很多问题。一是生活永远不只是*适应*环境，教育也不只是提供快速、平稳的适应环境的技能。在任何情况下，首要的问题都是这个环境是否值得适应，或是否存在抵制和拒绝适应的需求。因此，认为儿童和青年只要做好适应准备的想法是愚蠢且危险的。

至于世界变化是否真的如此之快，这也存在问题。我想，这完全取决于所谈论的到底是哪个“世界”。对于世界上某些地方的某些人来说，就他们生活的某些方面而言，事情的确一直在快速变化，并且还将一直这样继续下去。现代西方国家的工作方式确实在迅速变化，尤其是当大量生产从“西方”转移到“东方”、机器人和信息通信技术的作用越来越大以后。但是，在世界的另外一些地方，在另外一些生活领域，却没有那么多明显的变化。对许多人来说，获得足够的食物、洁净的饮水和适当的卫生设施，确保上有片瓦遮身、下有寸缕附体，仍旧是一项巨大的挑战。这类事，在“西方”也仍然在发生。有鉴于此，所谓世界变化快，就不过是一个典型的意识形态罢了：表达一个事实，就可以“方便地”隐瞒另一个。

我同样感到惊讶的是，人类生存面临的所有巨大挑战，会不会在未来的某一天消失：我们如何相互照顾，尤其是面对那些还不能照顾自己或不再能照顾自己的人；我们如何和平共处；我们如何实现对有限可用资源的公平分配；以及，我们如何确保自己不会耗尽所居住的这个星球。这些是不会那么容易消失的“常数”，这也是说未来是一个未知黑洞的说法实际上没有什么太大意义的原因。

然而，强调当下对于教育的重要性，主要还是基于这样一个简单事实，即教育必须在*此时此地*进行。我们要对儿童做什么，不是一个面向未来的问题，不是一个在我们找到完美答案以前可以轻易“搁置”的问题。教育具有内在的、不可否认的紧迫性。我们不能吩咐儿童，让他们等等我们，直到我们弄清楚要对他们做什么。同样的，我们也不能让学生回家，

等我们找到了与他们互动的完美方式以后再回来。我们总在教育的途中，12
并且需要尽量利用好它。作为教育者，我们需要艺术性，而不是食谱或处方，无论这类东西是不是经由循证所得。教育首先需要一种对于当下状况的认识，来帮助教育者更准确、更清晰地看到目前的状况。本书各章，旨在为这项任务做一点微薄的贡献。

第二章　学校需要何种社会?

13 我已经提出，教育尤其是“后奥斯维辛”教育的主要理由，是给新生代提供公平的机会，让他们可以作为主体在世生存、与世共存。教育者在这方面的工作，有一部分是针对新生代的。这与鼓励他们“接受”自己的主体属性有关，这是要帮助他们别忘记作为自身生活之主体去生存的可能性，而不是屈服于所面临的全部对象化力量。然而，给新生代作为主体生存的公平机会，也需要注意使其发生或阻碍其发生的各种条件。在本章，我通过探索学校与社会的关系，来审视这幅更为广阔的图景。按照埃卡特·利鲍（Eckart Liebau，1999）的建议，我不是问社会有可能需要或要求何种学校，而是问为了成为一所学校（也就是成为可以真正发生教育的机构）需要何种社会（另见 Biesta，2018c）。①

现代学校，答案还是问题?

现代学校的历史与社会民主和福利国家的承诺密切相关。在这个表述当中，学校常被视为“答案”的一部分。也就是说，学校被作为有助于甚至可以实现个人进步、社会包容、民主、繁荣和福祉的机构。当然，人们一直担心现代学校能在多大程度上实现这些远大目标（比如，参看 Hopmann，2008；Ravitch，2011）。但是，这些担忧得以表达出来的事实本身就表明，关于学校的特定期待仍然普遍存在。这并不是说现代学校处
14 处圆满。实际上，全球各地有很多学校都在承受严苛的绩效压力，而且

① 感谢特谢尔斯提醒我关注利鲍的精彩问题。

此类绩效标准正日益为全球教育测量业所设定（Biesta，2015a）。经济合作与发展组织（OECD）的 PISA 就是个中翘楚（有关的批判分析，参看 D'Agnese，2017；另见 Sellar，Thompson & Rutkowski，2017）。

所有这些都给学校、教师和学生带来了压力，也给政策制定者和政界人士带来了压力。他们似乎都陷入了一场全球性的、疯狂的教育竞赛。有一种关于教育质量的恐慌言论，这似乎推动了对于改进的永不满足的需求，结果对什么是教育和衡量教育的标准采取了越来越狭隘的定义。所有这一切的令人惊讶的结果是，现代学校越来越被视为问题的一部分，而不是解决方案的一部分。教师、学生、政界人士、媒体和社会公众都十分不满，他们都想从学校得到更好的东西，但是对于什么算得上“更好”，以及如何实现这种“更好”，却难以达成共识。这里提出的问题是，我们是否应该放弃现代学校及其承诺，并将其交给像培生（Pearson）[①]那样的教育资本——它们可能“满腔热忱并且时刻准备着”，通过运营教育来大赚特赚（参看 Sellar & Hogan，2019）；我们是否应该继续坚守公共教育的承诺，抵制私立教育对于公共教育的已有或即将采取的各种接管方案（参看 Ball，2007，2012）。

本章提供的思考，主要是为了重新判断学校与社会的关系。在此过程中，我主张建立一个更加“执着”的学校（Biesta，2019b）和一个不那么“冲动”的社会（Roberts，2014）。学校与社会之间关系的这种重新校准是否可能，不仅是一个反映当代教育状况的指征，而且也是对社会*本身*民主品质的一项考验。兹事体大，而一切都始于质量问题。

---

① 培生是一家跨国教育出版公司，成立于 1844 年，总部位于英国伦敦。该公司是全球最大的教育出版商之一，旗下拥有一些国人耳熟能详的出版品牌，比如：朗文（Longman）、企鹅（Penguin）、普伦蒂斯－霍尔（Prentice Hall）等。——译者注

质 量 问 题

关于当前教育状况，一个值得关注的事实是，有关教育质量的讨论的确非常活跃且直观。虽然这可能给人一种“许多人在关心教育质量”的印象，但是对于质量的关心本身并非毫无疑义。也许所有关于“质量”的讨论，最终只是分散了我们对于真正应该提出之问题的关注。

对于质量的关注，带来了表述问题。这与“质量”一词可以被描述为“无异议”这一事实有关，“质量”成了众多难以反对的名词之一。毕竟，谁会*反对*质量呢？这就表明，仅仅说一个人把“质量”作为目标（或用更有问题的表述：一个人以“品质教育”为目标），其实并没有表达出什么，如果的确也说了一点什么的话。关于什么是质量，存在一些竞争性定
15 义；关于什么算质量，有一些相互竞争的观点。回过头来，这些又与包含竞争关系的价值观基础有关。“质量”毕竟是一种*判断*，具体来说就是判断我们是否认为某事是好的。这表明教育质量并非技术问题，而是一项深刻的政治议题。这个判断本身，不会让我们感到惊讶。让我们惊讶的是，许多人似乎认为关于质量、关于什么是好教育的问题，可以通过技术手段来解决。比如，一直痴迷于为显然“有效”的东西提供证据（参看 Biesta，2007，2010b）。

关于教育质量的讨论，普遍存在三个误区。第一个误区是，教育质量关乎效用和效率。这里的问题是，虽然效用和效率有价值，但是它们所拥有的只是*过程性价值*，表明的是特定过程在实现其意图方面的状况（即效果），以及它如何利用资源来实现这一点（即效率）。但是，效用和效率对于该过程试图带来什么，完全保持中立。粗暴一点说：存在有效和无效的酷刑，就像存在高效和低效的酷刑一样。但是，这并不意味着有效和高效的酷刑就是好的。因此，真正的质量问题不是特定教育过程和实践是否有效和高效，首先要追问的是这些过程和实践服务于什么。

关于质量讨论的第二个误区是，假设质量是为客户提供他们想要的东西。值得注意的是，这句名言源于 ISO9000 质量标准的第一条“质量管理

原则”。它写道：“质量管理的首要任务是满足客户需求，并努力超越客户的期望。”（ISO，2015，p.2）这听起来很有吸引力，并且已经进入了教育领域。根据这一原理，教育机构首先要满足学生的需求，为其提供想要的东西。但是，当客户想要不道德的东西或想要某些*非*教育性的东西时，问题就出现了。（比如，要求透露考题答案，或要求书面保证他们会取得成功。关于这些内容，参看 Eagle & Brennan，2007；Nixon，Scullion & Hearn，2018）。

第三个误区是“执行力”问题（Ball，2003；Gleeson & Husbands，2001）。其中，质量*指标*被视为质量之*定义*，因此机构开始用达到某个名次表上的特定位置来定义其战略目标，并且非常功利地把自己的表现导向可以达到这一位置的那些指标。黛安·拉维奇（Dianne Ravitch）在 2011 年出版的 16
《伟大美国学校系统的死与生：测验和选择如何破坏教育》（*The Death and Life of the Great American School System: How Testing and Choice Are Undermining Education*）一书中，详细记录了这种行为如何显著削弱了对于教育质量本身的关注。在“测量时代”（Biesta，2009），我们似乎总在重视被测量的东西，而不是在测量教育中那些值得被珍视的东西；同样不能忘记的是，并非任何有价值的东西都可以测量或都应该被测量。

教育目的、教育机制、做应做之事

上述观察表明，教育质量的真髓不在于如何让教育更有效、更高效，如何确保教育客户满意、得偿所愿，或如何在相关质量标准上取得高分。只要我们无视教育是*为了什么*的问题，所有这些就终归会落空。我认为这个问题包含三个“层面”：第一与教育目的有关，第二与教育机制有关，第三与“做应做之事”有关。

我在第一章已经提过，在当代教育讨论中占据主导地位的是学习语言，可是学习语言在作为一种教育语言时是无济于事的。原因在于，教育的重点永远不能“只是”儿童、青年在学习。因为，从教育的角度看，永远要明确学习所为何来（我们也不应该忘记，教育不只是学习；可重点参考 Biesta，2015b）。关于教育*为了什么*的问题，我提出教育需要关注和指向的三个目标领域，分别是资格化、社会化和主体化。

我还认为，与其说资格化第一位、社会化第二位、主体化第三位，基于一些重要的原因，还可以在条件许可的情况下将这种级别关系颠倒过来，把主体化设想为全部教育的核心。正如我已经解释过的那样，这不是说主体化是教育的全部和最终目的，而是为了承认学生不只需要社会化和资格化的“单元”。学生是人，需要被导向这个世界，需要在世界之中生活，需要与世界共存的各种“装备”。从乏味的学习语言，转向学习应该*为了什么*的问题，就开始为教育质量讨论增添了实质内容。提出教育具有三个合法的目标领域，勾勒出了现代学校更宽泛的职责范围。这提供了一种抵制的办法，避免在资格化领域把学校职责窄化为制造可测量的那些产出。

17 识别教育的三个目标领域，对于讨论教育的效用和效率也有重要意义。这首先是因为，学生不仅是从我们提供给他们的东西和我们向他们提出的要求中学习。简言之，这些东西就是课程、教学和评估。学生还从我们与他们接触的方式中学习。他们往往非常善于发现“什么”和“如何”之间的矛盾。在教育当中，“如何”和“什么”一样重要。这就是我们永远也不应该认为教学只是中性“干预”的原因。这就是奖励和惩罚可能有效，甚至有可能在产生特定结果和“产出”方面非常高效，但二者在教育上并不是与学生互动的理想方式的原因。由此出现的一个事实是，对于某个目标领域可能有效或高效的东西，实际上可能会对另一个目标领域产生反作用。因此，关于效用和效率的问题，如果不考虑教育的具体机制和教育三重目标的复杂性，就全都没有意义。

关于教育质量实质内容的第三项考虑与这一事实有关，即在讨论教育质量时我们不应该只关注教育“产出”，也就是我们在教育上的所有努力试图得到或实际上正在得到的东西。除了“产出论证”以外，“文明论证”也需要纳入考虑范围。这与作为一个文明社会本身所重视的东西有关，无论这些东西是否对（可测量的）产出具有影响。无论学校建筑是否对教育产出有影响，学生都有资格得到体面甚至优美的校舍。这可能就属于此类考虑。再者，学校应是学生可以遇到其他学生的地方，他们在生活中不会有如此“寻常”的相遇。这也许是一项重要的文明论证，同样无视其对于产出的影响，即使它会带来某些产出，或对某些产出具有负面影响。文明论证可能也是我们决定不将学校交给市场或私人的一个关键原因，即使这样做可以节省公共开支。正如奥斯卡·王尔德（Oscar Wilde）所提醒的，不能忘记了解物品的价格与懂得物品的价值是相当不同的。[①]

现代学校的双重历史

在本章，我试图理解现代学校*为什么*会成为问题，以及现代学校*怎样*成了怎样的问题。到目前为止，我已经表明这些问题与关于教育质量的讨论有关。正如我要解释的那样，这些讨论至少是误导甚至有可能是错误，因为这些讨论与教育目标和目的的实质内容问题相脱节，与一个文明社会无论如何都会对学校提出的要求相脱节。这些讨论与是否对“产出”带来“影响”根本无关。

然而，教育质量的相关问题，不只是质量定义以及这些定义涉及的价 18
值观。这类问题还有一个更具政治性的维度，与谁在定义、评估教育质量一事上拥有合法发言权的问题有关。这让我更直接地来到学校与社会的关系以及现代学校的历史问题上来。对此我的看法是，现代学校有两套不同的因此在某种意义上也是相互竞争的历史，这在现代学校内部形成了一种具有根本性的张力。这不仅有助于理解现代学校的困境，而且也告诉我们可以如何思考学校和社会的关系。

在第一个（在某种意义上也是更普遍被接受的）历史当中，现代学校

---

① 在《温夫人的扇子》（*Lady Windermere's Fan*）当中，王尔德定义了一个愤世嫉俗者：“他了解一切东西的价格，但是对任何事物的价值一无所知。”

被认为是社会现代化的结果，是社会领域和社会职能分化的一部分（参看 Parsons，1951；Mollenhauer，1973）。在一个生活和工作密切勾连的社会（比如农业社会）当中，新一代有可能通过“闲逛”来“轻易获取”他们需要了解的一切。[①] 可是，一旦工作转移到工厂和办公室，这种方式就再也不可能了。作为职能分化的结果，社会开始失去教育“权”，这就对专门教育机构提出了需求，儿童在其中为今后参与社会做准备。现代学校是这一发展中出现的关键机构，其任务是为儿童未来的社会生活做准备（另见 Mollenhauer，2013）。

这一历史的关键在于，现代学校是*作为*社会的一项职能、*作为*服务于社会的一种功能而出现的。在更日常的语言当中，这意味着学校要为社会承担一项重要“工种”。这不仅仅意味着学校需要做好这一工种，也意味着社会对学校有着合理的预期。现代学校的这一历史，不仅赋予社会以优势地位来决定学校应该做什么，而且赋予社会以合法性来检查学校是否真正实现了社会的期待。当今对教育质量的担忧，与这一历史高度契合。在某种意义上，全球教育测量业只不过是顺理成章。人们甚至可以说，如果学校只有“执行职能”，如果学校的唯一职能是服务社会，那么这一职能到底是由公共机构还是由私人公司来执行就并不重要了。

如果这就是现代学校及其与社会关系的全部内容，那我们完全可以就此打住或转向技术问题了，比如如何改善学校使之成为更“完美”的社会工具。然而，关于学校我会说还有另一重历史可讲。这是更古老、更隐秘，是几乎已经被遗忘的历史。在这重历史当中，学校不是社会的一项职能，也不只是为了服务社会，而是介于“家庭”和“社区”之间，介于家
19 庭的私人生活和社会的公共生活之间的一个相当奇特的地方。在这重历史当中，学校既不是“家”也不是“工作”，而是一个练习、尝试的地方，是某种“中继站”。在这重历史当中，学校正如阿伦特所说：

① 莱夫和温格（Lave & Wenger，1991）以“合法的边缘参与”为名，让“闲逛着学”的原则广为人知。莱夫和温格以“合法的边缘参与”为名的著作已有中译本：莱夫，温格．情景学习：合法的边缘性参与 [M]. 王文静，译．上海：华东师范大学出版社，2004. 另外，“闲逛着学”在学龄前儿童那里，仍是一种高度有效的学习方案。可参考：霍尔特．儿童怎样学习 [M]. 张达明，王长纯，倪维素，等译．长春：吉林教育出版社，1987.——译者注

绝不是世界，也绝不能假装就是世界；学校是我们在家庭的私人领域和世界之间插入的机构，以确保从家庭到世界的过渡成为可能。（Arendt，1977，pp.188—189）①

问题的转向

在第一重历史当中，社会对学校有合法诉求，学校则有“执行”之义务。也就是说，学校要满足这一诉求，并且其执行过程要完全对社会保持透明。尽管在第一重历史当中学校需要对社会保持“开放”，第二重历史却恰恰相反。第二重历史认为学校需要保护，以免受到社会需求的影响。这样的学校才能给新生代提供时间，去接触世界并在与世界的关系中遇见自己，然后试着发现这一切意味着什么、提了哪些要求。因此，现代学校的双重历史表明，现代学校骨子里就有某种结构性张力：做社会要求之事的需求与保持社会距离的需求之间的张力、“执行”的需求与“自由发挥”的需求之间的张力。

大多数教师都十分了解这种张力，通常也懂得如何处理这种张力。他们知道有时需要严格要求，有时则需要放手、给学生留出时间和空间。因此，问题不在于不知道或不理解这种张力，也不在于教师缺乏驾驭这种张力的能力。如果从这段双重历史中浮现出来的是学校作为“两位主人的仆从”的形象，那么我们这个时代的学校问题正是那唯一一位主人发出的声音。这位主人对学校说：“执行！给社会需要的东西！发挥职能！要有用！”这个声音比另外的声音响亮得多。持续的执行压力，最终让这个声音成了某种恐怖（Ball，2003）。这并不是说有的声音合法，有的声音不合

① 学校历史与希腊语中意指闲暇时光的“schole”有密切联系。所谓闲暇时光，就是还没有完全被社会需求所命令和主宰的时间（参看 Prange，2006；Masschelein & Simons，2012）。也许读者还有兴趣知道的是，“教仆”（pedagogue）是负责把孩子带到学校去的奴隶的名字。教仆把孩子带到了那个闲暇的、尚未被占用的“地带”。

法。如果这么说，我们就可能在用一种过于浪漫的学校概念，来取代过于务实的学校概念。关键的问题是，当前的状况已经失衡，并因此而需要重新校准。正如我此前所说，学校需要一次系统“重启”。

围绕当代教育的诸多问题，似乎都来源于对学校与社会关系的某种片面认识。它假设这种关系中唯一*合法的*问题，或对某些人来说唯一*可能的*
20 问题，是社会需要什么样的学校。在这个设定当中，我们可以清晰看到第一重现代学校史的影响。在其中，社会要求，学校服务。然而，关于学校与社会的关系，还有别的问题可以追问，即学校实际上需要何种社会。更具体地说，为了成为学校，学校需要何种社会？这里的学校，可以为新生代腾出时间，而不只是具有或多或少完美的“执行功能”。基于这个由利鲍（Liebau，1999，p.5）提出的问题，我们就可以把目光从学校及其所谓“问题”上移开，转向社会这个方面。

冲动社会的兴起

保罗·罗伯茨（Paul Roberts，2014）提出，当今社会在很大程度上已经成为“冲动社会”。这是对当今社会状况的一项有力判断，在我看来恰如其分。接下来的讨论，我就将围绕这一主张来进行。在其著作的英国版副标题当中，罗伯茨提出了一个反问：“*得偿所愿有什么问题吗？*”这个副标题已经揭示了问题之所在。该书美国版的副标题则以更紧迫和精准的方式，总结了罗伯茨的诊断：“*即刻满足时代的美国*”。

对“需要”（need）和“欲求”（want）的区分，构成了罗伯茨分析工作的核心。罗伯茨表明，美国经济中有大约 70% 是瞄准了“选择性消费”，也就是那些我们并不真正需要但仍然欲求的东西。这会造成问题，不只因为“以满足我们欲求的东西为方向的经济……不是提供我们*需要*的最佳选择”（Roberts，2014，p.8；强调依原文），而且也因为“应对一个过分善于满足我们欲求的经济体系”可能相当棘手（Roberts，2014，p.2）。比如，肥胖就可被认为是这种设定的“后果”之一，“快餐文化”造成的各种环境问题也是如此。这确实提出了问题，我们的欲求事实上从何而来？这与当代资本主义的机制有关。

资本主义的问题之一是，它需要持续增长以维持自身。长期以来，资本主义可以通过*空间*扩张来实现这一点，也就是不断开拓新兴市场。从某种意义上说，这一战略始于殖民时代，在经济真正走向全球化并耗尽全部空间以前达到了极限。此时，全球资本主义发现了一种新的增长方式，即基于股票市场的逻辑，利用*时间*来营利。只要能领先于其他人在市场上买卖，就有可能靠时间赚钱。这给“时间就是金钱”的古老观念提供了一个全新的含义。但是，随着计算机算法的加速，这个行业也走到了极限。这是 2008 年金融危机背后的主要原因之一，资本主义的时间在当时就业已耗尽。

不过，仍然还有一种“缓冲”办法，这已经成为定义当代资本主义 21
的新焦点。这里的最佳例证可能是苹果公司。我们看到，苹果卖的不是手机，而是对*新*手机的欲望。它免费出售这种欲望，而一旦这种欲望被“植入”我们的内心，我们就会发现自己很乐意用辛苦所得来换取一部*最新*款。我们可以说，当代资本主义干的正是出售欲望的生意。罗伯茨总结道，“消费者市场已经一点一滴、十分有效地转移到了我们自身*以内*”（Roberts，2014，p.6；强调依原文）。而这项“转移”的天才之处就在于，它似乎允许无限制的增长，因为“只要我的胃口是个无底洞，[就可以] 容纳成熟工业资本主义经济的所有产出，让它可以永远增长下去”（Roberts，2014，p.7）。

罗伯茨在书中表明，即刻满足的逻辑不仅仅成为当代资本主义的决定性品质，而且影响到了当代社会的各个方面。这是我们不仅要忍受冲动*经济*，而且要忍受冲动*社会*的原因所在。我们有欲望，并且某些欲望是自私的，但是这并不是冲动社会的新颖之处。真正新颖的地方在于，“个体的自私已经成为*整个社会*的一种投射了”（Roberts，2014，p.4；强调依原文）。同样令人担忧的是（这是罗伯茨分析的一个重要方面），“正是这些机构曾经帮助个体缓和了对于迅速、自私之回报的追求”。在这里，罗伯茨提到的是

"政府、媒体、学术界，尤其是企业"（让人惊讶的是，他几乎完全不提教育），"它们在越来越多地追求同样的东西"（Roberts，2014，p.4）。

这是我们对于最近兴起的民粹政治的理解方式。来自政界人士的主要信息似乎是，只要人们给他们投票，他们就承诺给人们提供所要的一切。他们不会花太多时间来概述这样做的复杂性，或指出给每个人想要的一切的不可能性。本章讨论更重要的地方在于，这也是我们理解当代教育困境的方式：囿于浮躁社会想要学校变"完美"的欲求，并且发现越来越难以抗衡向"客户"提供其所欲之物的逻辑，当代教育没有去追问那个困难但重要的问题，即学生、父母或社会想要的东西是否就是被欲望或应该被欲望的东西。

教育的紧迫性

正是在这里，我们可以发现教育工作的"紧迫性"（这个短语，参看Meirieu，2007，pp.53–58）。这不只是教育当中*教育性*工作的紧迫性，这也可以说是教育中*民主*工作的紧迫性。菲利普·梅里厄（Philippe Meirieu）
22 很好地阐述了教育性的方面，认为只是追求一个人"自己"的欲望，是儿童发展的正常阶段（Meirieu，2007，pp.53–58）。至于我们是否同意梅里厄的说法，把这个阶段称作"初期自恋"或"幼稚利己主义"并不重要。梅里厄的要点在于，儿童被自身欲望控制了，又没有能力去命名和识别，没有能力让这种欲望成为与世界相遇的有意义的部分。儿童被诱惑着采取行动，也就是即刻满足，但是不明白他们想要的一切并不全都可以得到或实现。教育者的（缓慢）工作，也就是教育的（缓慢）工作，在于陪伴儿童完成这趟旅程，鼓励他们继续这趟旅程，帮助他们洞察自己的欲望，对自己的欲望形成认识，与自己的欲望建立联系，从而找出哪些欲望对生活有帮助、可以让一个人与他人一道在这个世界上过得好，哪些欲望则会阻碍这项任务的完成。

在这里，教育的主要任务不是支持儿童"发展"，而是通过抵制来扰动儿童的欲望。梅里厄因此说，教育有抵制的责任（le devoir de resistance）（Meirieu，2007）。这样一来，儿童就可以与自身欲望建立关系，即作为主体来生存，而不是作为客体来生存，不是仍由自己的欲望来决定。这是试图以“成熟”的方式在世界中生存（这个术语，参看 Biesta，2017a，Chapter 1），而不是我们可能叫作“孩子气”的方式。要注意的是，这不仅仅关乎年龄。并不是说年轻人就不能像老者那样与自己的欲望建立关系。相反，我们可以看到很多老者完全被自己的欲望吞噬了，正如很多年轻人与自己的欲望建立了联系，并实现了对于自身欲望的某种程度的主宰那样。在这方面，究竟谁是“儿童”的问题不仅仅与年龄有关，这个问题更有趣、更复杂、更紧迫、更政治化。正如梅里厄所说，“孩子气”实际上一直在困扰我们（Meirieu，2007，p.54）。只满足欲望，不追问那些“棘手的问题”，这个问题就永远不会得到一劳永逸的解决。正如梅里厄所说，摧毁他人、至少在某一刻把自己视为宇宙唯一主宰的诱惑，总是存在（Meirieu，2007，p.54）。

这是梅里厄认为靠我们自身很难摆脱欲望的原因。梅里厄认为，我们需要某种社会布局。在这种社会布局当中，我们帮助彼此与自身欲望建立联系，去认识自己的欲望，找出自己应该追求哪些欲望，以及我们应该舍弃哪些欲望。学校正是这样一种社会布局，不只是有执行功能，而且是作为“闲暇的所在（schole）”，作为自由或解放的时间，还没有完全被社会需求所命令和主宰。当代教育、当代社会的真正问题，就在于这种社会布局是否仍有可能。

学校还有可能是学校吗？ 23

将梅里厄的分析与罗伯茨对冲动社会的分析相比对，会得出两个让人震惊的结论。第一，冲动社会实际上不希望我们质疑自身的欲望。冲动社会不希望我们长大，不希望我们尝试以成熟的方式生存。因为，通过让我们保持“孩子气”、变得“孩子气”，就可以大肆牟利。冲动社会让我们只剩下欲望，而不是与自己的欲望保持联系。换言之，冲动社会对我们的主体化不感兴趣，对我们作为主体的生存不感兴趣，因为冲动社会的“商业模式”正有赖于持续的对象化。第二，冲动社会已经侵蚀了过去能够帮助我们的那些制度——更确切地说，就是无论我们是否互相帮助，都可以让我们“超越”欲望、*掌控*欲望，而不是被自身欲望控制的那些东西。

正是在这里，民主进入了讨论范围。因为，人们会认为，民主与民粹不同，它的全部意义正在于斟酌个人和群体的所有欲望，然后找出哪些欲望可以由全社会来“承担”、哪些应该放弃，比如有可能带来压力甚至有破坏自由和平等这些关键民主价值的风险。与民粹不同，民主的关键在于，你*不可能*总是万事如意（参看 Biesta，2014b）。这不只是民主之所以困难的原因，而且也可以解释为什么在一个人们被反复告知可以随心所欲的时代，民主反而越来越不受欢迎。

如果这些反思和观察确有其道理，那么就会对当代社会提出一个重要的问题：在这样的社会当中，学校还可以是学校吗？更准确地说，学校能否作为“闲暇的所在”，能否继续作为“家庭”和“社区”的中继站。我不认为这种学校观点是浪漫或过时的。我想提出的是，我们需要这样一个空间或场所，以便新生代有机会去认识世界、认识自己。最重要的是，这样的空间或场所，可以满足新生代有关世界和自身的欲望，并有时间“迎接”他们在其中可能遇到的一切。这很重要，这样他们才可能开始与自己的欲望建立关系，而不是被自己的欲望所吞噬。这是作为场所和空间的学校，但也许首要的是作为时间的学校。这是我们给予新生代去尝试、失败、再尝试的时间，或者像塞缪尔·贝克特（Samuel Beckett）所说的那样，是“稍加改观”的时间。

那么，这样的学校需要何种社会呢？显然不是一个只希望学校“执行和供给”的冲动社会，而是一个民主社会。民主社会仍然明白，并非所有被欲望或作为欲望出现的东西都可以追求、都应当被追求。无论来自现代学校第二重历史的学校是否可能，这都不仅仅是一个教育问题，而是最终会成为对社会民主质量的一个考验。为此，我们同样需要理解自身双重历史的学校。一方面，学校要服务社会，另一方面学校也需要提供抵制和执着（Biesta，2019b）。这是为了表明，社会对学校提出的需求并非全都值得追求。对于学校来说，情况是这样；对于社会本身来说，最终也是如此。具有讽刺意味的是，如果社会仍旧对其民主和成熟的未来感兴趣，那么提供这样的抵制、以这种方式保持执着，也许才是学校服务社会的最佳方式。

第三章　帕克斯－艾希曼悖论以及教育的两个范式

25 本书探讨的观点是，我们如何以人的方式在世生存、与世共存，“世”包括自然世界和社会世界。这是教育的核心问题。我们因此在教育的核心地带，发现了一种*生存上*的关注。正是这种关注，为“我们”对“孩子”做的工作提供了方向，也提供了重要的辩护。在上一章，我探讨了现代学校在多大程度上仍然可以为新生代提供时间和资源，来应对“作为主体生存”的挑战。我还表明，这一挑战不但适用于新生代，而且会真正持续终生。毕竟，幼稚的“冲动”从不会完全解除，而总是一个毕生的“困扰”。

因此，不应该假设在主体属性方面，作为教育者的“我们”会“令人满意”，而“孩子们”则是匮乏的。这完全是一种自负。我认为，教育的任务是给新生代一个*公允的机会*，让他们作为主体生存。在本章，我会重点关注教育的生存取向对于教育理论化的方式意味着什么。我提出，通常对教育事实的描述，也就是把教育视为*培养*过程的做法，无法解释教育的生存之“维”，因此需要另外的教育“范式”做补充。我试图弄清楚这两个“范式”之间的区别，并讨论其对于教育实践的若干影响。①

26 对教育事实的主流描述完整吗？

本章灵感来自 1935 年 5 月 15 日发表在《物理评论》（*Physical Review*）上的一篇论文，题为《物理事实的量子力学描述是否完整？》（Can the

---

① 感谢约翰内斯·贝尔曼（Johannes Bellmann）在关于德语世界教化（Bildung）和教育（Erziehung）的讨论中提供的有益见解，感谢迪特里希·本纳（Dietrich Benner）允许我阅读他最新著作的手稿。

Quantum-mechanical Description of Physical Reality Be Considered Complete？），作者是阿尔伯特·爱因斯坦（Albert Einstein）、鲍里斯·波多尔斯基（Boris Podolsky）和内森·罗森（Nathan Rosen）（Einstein, Podolsky & Rosen, 1935）。在这篇论文当中，作者认为量子力学的主流解释，也就是所谓“哥本哈根解释”实际上包含一个悖论，因此不能被认为是对物理事实的*完整*描述。这个悖论后来被称为“爱因斯坦－波多尔斯基－罗森悖论”。该悖论与粒子间相互作用的事实有关，即除非对某粒子的测量会*瞬间*影响另一个粒子，否则对该粒子位置和动量的测量，就要比海森堡测不准原理所允许的更加准确。然而，要想实现这样瞬间的影响，就要求信息传播速度超越光速，可是被爱因斯坦称为“鬼魅般的超距作用”的这一点，又被认为是不可能的。①

本章提出的问题，在某种意义上类似于爱因斯坦及其同事提出的观点。我希望探索当前的研究、政策和实践中对于*教育*事实的主流描述，在多大程度上可以说是完整的。提出这个问题的动机，来自被我称作“帕克斯－艾希曼悖论”的教育悖论。该悖论认为，从某个角度来看的教育成功，从另一个角度来看却相当成问题；看起来是教育失败，实际上却有可能揭示了在教育上至关重要的某些东西。该悖论于是提供了这样一种结论，关于教育事实，被我称作“*培养*”（cultivation）范式的主流描述是不充分、不完整的。

正如我会在本章后文更详细讨论的那样，“把教育视作培养”的观念认为，最宽泛意义上的所谓“事物”，会在教育过程中受到来自“外界”的种种影响。我的重点就是这样一种关于教育机制的*理解*，而不是这种培养所要实现的特定目标或远大目的——后者有可能涵盖从服从行为、知识和理解力到批判性思维的整个范围。问题的关键之处在于，作为培养

① 爱因斯坦及其同事提及的现象被称为“纠缠”。这是由埃尔温·薛定谔（Erwin Schrödinger）创造的一个术语（参看 Schrödinger, 1935）。当代物理学假设这种现象存在，尽管不是作为超距作用。“纠缠”似乎已经成为当代社会理论中的一个流行术语。不过，必须强调的是，物理学中的“纠缠”现象位于亚原子层面，因此不能轻易被移植到社会现实层面。也就是说，这只能作为一个隐喻。本章提出的论证，与当前社会理论中对于“纠缠”的用法完全不同。

的教育，把教育视为来自外部的对于学生的影响。我拿来作为对照的，是一个非常不同的生存“事实”。也就是说，作为人类，我们是从“内”而外来过自己的生活。换句话说，我邀请读者对比的，是教育的第三人称视角和教育的第一人称视角（关于后一个区分，另参看 Biesta，2017a，Chapter 1；Böhm，2016）。

27 我使用杜威的作品来强调该“范式”的主要特征和主要缺陷，并提出该范式需要我的所谓*生存*教育“范式”来做补充。通过讨论能否“直接”开展教育的问题（在这个问题上，杜威明确持否定意见），我强调了两个范式之间的区别。随后，我转向德文中的“*教化*”（Bildung）和“*教育*”（Erziehung）概念，以探索它们可以在多大程度上为我们提供一套概念，来阐明两个教育范式的区别。我会表明，这并不像看起来那么简单，因为事实表明关于这些术语的确切定义并未达成共识。不过，拥有*两个*术语（注：指的是德文中的 Bildung 和 Erziehung），而不只是“教育”（注：指的是英文中的 education）这一个词，对于我要做的区分仍旧很重要。“教化”（Bildung）和“教育”（Erziehung）这两个词确实可以提供帮助。我以对教育在生存上的工作的提要来总结全章，以概括生存范式在教育实践中的应用。[①] 不过，还是让我们从一个悖论开始吧。

帕克斯－艾希曼悖论

1955 年 12 月 1 日，在亚拉巴马州蒙哥马利市，罗莎·帕克斯（Rosa Parks）拒绝了公交车司机的命令，没有把自己坐的“有色人种”区座位让给一名白人乘客[②]，正如克劳德特·科尔文（Claudette Colvin）在 9 个月前做过的那样（后者参看 Hoose，2009）。尽管帕克斯确实遵守了公交车指示牌上的信息——“白人前排，有色人种后排”，但她拒绝服从司机分配

① 我讨论过对于教育研究的启示（Biesta，2020b）。

② 详见：https://www.washingtonpost.com/news/acts-of-faith/wp/2015/12/01/5-myths-about-rosa-parks-the-woman-who-had-almost-a-biblical-quality/? noredirect=on&utm_term=.34441056eb50，2020 年 12 月 31 日访问。

座位的权威，最终导致了自己被捕。[①]这引发了所谓“蒙哥马利罢乘运动”，从 1955 年 12 月 5 日一直持续到 1956 年 12 月 20 日。此后一天通过了一项联邦裁定，宣布亚拉巴马州和蒙哥马利市关于公交车乘客隔离的法律违宪。

1961 年 4 月 11 日，耶路撒冷地方法院的一个特别法庭开庭，开始审判纳粹党卫军一级突击队大队长阿道夫·艾希曼（Adolf Eichmann）。他在“二战”期间负责组织和管理针对犹太人等的大规模递解行动，将这些人运往纳粹占领的东欧隔离区和灭绝营。经过漫长的审判，艾希曼被判犯有 15 项危害人类罪、战争罪、危害犹太人罪和犯罪组织成员罪，尽管他没有因杀害任何个人而被判有罪。1961 年 12 月 15 日，艾希曼被判处绞刑。对判决的上诉最终被驳回，宽恕的请求也被驳回，艾希曼最终于 1962 年 6 月 1 日被处决。让艾希曼案出名（参看 Arendt，1963）的是，他*确实*承认自己安排了对犹太人等的大规模递解行动，但是拒绝为行动后果也就是这些人的灭绝负责，理由是他只是在服从命令。

从教育角度看，帕克斯和艾希曼的案例向我们展示了一个悖论。如果 28
我们假设教育是一种干预，应该带来某些预定效果或产出，如果进而假设干预与产出之间的联系越有效，教育就越成功，那么我们似乎应该宣布艾希曼的教育取得了成功，而帕克斯的教育归于失败。[②]（这些假设是越来越多的研究，越来越多的学校、学院和大学正在做的事。）毕竟，在人们的期望与他本人的行为之间，艾希曼实现了完美匹配。我们因此可以说，艾希曼学会了好好听话。帕克斯能够有效解读被告知她的那些信息，她的阅读能力以及理解法律、规章和条文的能力没有问题。尽管如此，她显然没有根据这种理解来采取行动。

---

① 帕克斯非常清楚自己不让座的原因。“人们总说我没有让座是因为累了。这不是真的！我并不累，并不比平常下班时更累。……不，我唯一感到厌倦的是屈服。”（Park & Haskins，1992，p.116）

② 我在这里使用“成功”和“失败”概念，是为了揭示下列观念中的问题：当“干预”（比如教学或教导）能产生意料中的“产出”时，成功的教育就发生了。许多关于教育效率的研究，似乎都预设了这一点，包括大规模、随机对照试验的循证教育。我想强调的是，这种探讨和理解教育的方式，似乎“无视”了学生的“我”。

悖谬之处在于，从有效教学、成功学习的角度来看的成功（艾希曼）或失败（帕克斯），从我们称为“人道”的视角来看却恰恰会得出相反的结论。前者是作为资格化和社会化的教育，后者则是让我们作为主体去生存的视角，是主体化的教育。这就提出了后一观点的确切“地位”以及它与前一观点之关系的问题。为了回答这个问题，我转向了德国教育学者本纳作品中的一项有趣论证。

教育会带来改变吗？

在《普通教育学》（*Allgemeine Pädagogik*）（Benner，2015）中一个引人入胜的段落当中，本纳提出了教育是否重要的问题。[1] 也就是说，父母、教师和其他教育工作者的工作，有没有改变受教育者？他在先天 - 后天之争的背景下来探讨这个问题，追问先天、后天和教育对于人的形成的相对贡献可能是什么。对教育者来说，这看起来是一个重要的问题。因为，比方说我们基因构成（先天部分）的影响占 75%，环境（后天部分）的影响占 20%，那么留给教育发挥作用的余地就很小很小了。这个问题在我们这个时代显得尤为重要，既因为已有研究表明我们基因构成的贡献甚至要高于 75%（参看 Harris，2009），也因为许多父母和教师的确在努力限制来自外界的影响，比如控制哪些内容可以通过社交媒体进入家庭和学校。

人们可能期望像本纳这样杰出的教育学教授能够证明，与先天和后天影响相比教育也做了相当大的贡献。但是，他实际上提出的是另一个了不
29 起的想法。他认为，无论人们认为先天、后天的比例有多大，*这些加总起来的结果总是 100%*（参看 Benner，2015，p.73）。本纳从另一条迥异的路线出发，不是将其解读为完全放弃教育的理由，而是认为教育[2] 问题实际

① 该书第 4 版有中译本：本纳．普通教育学 [M]. 彭正梅，徐小青，张可创，译．上海：华东师范大学出版社，2006.——译者注

② 在我用“education”的地方，本纳用的是“Erziehung”。稍后我会解释其原因以及为什么这一点很重要。

上隶属于完全*不同的路径*。这个判断，同样适用于父母和教师的教育性工作。这不是“生物－神经－社会－文化”的路径，而是完完全全的*生存*路径（用我自己的话来说）。

本纳因此提出，教育不是个人如何由内而外得到塑造的方式，而是他们的基因构成和生物构成得以发展的结果；教育也不是个人如何由外而内得到塑造的方式，即所谓环境影响的结果。之所以如此判断，不是因为此类过程不会发生，而是因为教育的着眼点与此完全*不同*。教育关注人类作为个体如何生存，也就是他们如何尝试过自己的生活，如何做出选择，对某些机会说“是”而对另外一些机会说“不”，早上起床或睡懒觉、坠入爱河、陷入疾苦、日渐衰老，抑或体验喜悦和愧疚等等。

先天、后天问题，与人类有机体发育和成长的方式有关。如果这既是“内部”生物过程的结果，也是外部影响的结果，可以称作发展和学习（另见 Böhm，2016，p.169），那么教育问题就可以简要而精准地表述为“我”如何从这一切出发、如何继续向前。在这里，我们可以得到对于帕克斯－艾希曼悖论的*教育*解读。帕克斯确实曾以“我”的身份向前迈进。这个“我”声称，她不想继续成为她发现自己身处其中的那个特定社会秩序的一部分。在被问到同一个问题时，艾希曼会说，他的那个“我”实际上没有参与，只是在服从命令。换句话说，他愿意让这个“我”顺从外部社会秩序。帕克斯的“我”挺身而出，艾希曼则撤回了他的那个“我”。[①]

这样看来（这也是本纳所呼应的），我们可以说教育问题不是我们是*谁*以及我们如何成为这个谁的问题（这还是*身份*问题）。更准确地说，教育问题指的是靠着掌握的本领、形成的能力，包括我们的无能、盲区以及所有那些做不到等等[②]，我们将如何存在、如何生存、如何过自己的生活、

---

① 人们当然可以说，正是艾希曼的“我”撤回了他的“我”。我认为这个说法完全正确。换句话说，是艾希曼决定将他的“我”交给来自别处的命令。我希望读者可以看到，这并不会让本章的论点失效，而恰恰会凸显“我”之“存在”或“出场”是一个彻头彻尾的生存问题。在生活中，我们会一再遇到把自己之“我”从情境中撤出或保留下来的可能。

② 能力本位教育方法往往会忘记人类永远不会“完全胜任”，这是我们在日常生活中必须承认的一项事实。

如何与自己成为的那个人相处。这与身份无关，而是我们可以称为“*主体属性*”的问题[①]，是我们试图作为主体来生存的方式和尝试，而不是作为来自“他处”的影响的对象（另见 Böhm，1997）。[②]

在本纳的帮助下，我对什么是教育提出了非常明确的主张，认为教育关注的是“我”的问题；更重要的是，关注“我”如何作为“我”*生存*。我想强调的是，要点不在于语义问题，与“教育”一词的定义无关，而是关于对教育事实某个维度的识别。如果只从有效教学、成功学习的角度
30 来思考教育，这个维度就有可能从我们的视野中消失。如何“命名”这个维度也很重要。与此有关的问题是，英语中似乎只有“教育”（education）这一个词指称教育事实。因此，我稍后会考察“*教化*”（Bildung）和“*教育*”（Erziehung）这两个概念。它们在德语教育学术中有举足轻重的地位。在此之前，我想就本章试图探讨之教育事实的两个“维度”多说几句，以表明除了将教育视为*培养*“范式”以外，还需要被我称作*生存*“范式”的教育。

范式一：作为培养的教育

作为培养的教育范式感兴趣的问题是，人通过何种“内”因、“外”因的相互作用而最终成为其自身。换言之，它关注人如何通过与最宽泛意义上的“文化”的接触，成为并继续成为他们自身。关于人如何由于这些过程而成为他们自身，培养范式给出了部分*解释*。比如，它解释了人为何会说特定的语言，为何会有特定的态度和价值观。不过，培养范式也是一种教育*程序*，是一种组织和“做”教育的方式。根据这一范式，教育的任务是确保个人能接触尽可能宽泛的文化或文化“工具”，以使个人能以尽

---

① 我更喜欢“主体属性（subject-ness）”这个拗口的术语，而不是“主观性（subjectivity）”，因为后者有被解读为认识范畴而不是生存范畴的风险，而我在此处追求的恰恰是生存的“视角”。

② 温弗里德·博姆（Winfried Böhm）的《人的教育学》（*Entwürfe zur einer Pädagogik der Person*，1997），即他关于人的教育理论或他的个人主义教育理论，与我在本书中探讨的生存的方法非常接近。

量充分的方式，发展尽可能多的能力和潜能。

当代有许多培养范式的实例。比如，旨在为儿童和青年提供文化和社会资本的教育实践；旨在为儿童的多种表达、天生的好奇心、与生俱来的潜能发展保留空间的教育实践，或着重于为儿童和青年提供尽可能宽泛的发展机会的教育实践。我想说，这种理解和“做”教育的“典型案例”，可以在杜威著作中找到。[①] 杜威基本上是把教育视为培养过程。比如，在他看来，“所有教育的终极问题，都在于协调各种心理和社会因素”（Dewey，1895，p.224），即个人发展如何与社会和文化资源“建立联系”。这意味着，人类个体借助这个过程，成为杜威所说的“适应性有机体”（Dewey，1988［1939］，p.15），成为已经“获得”文化的人，并因此而成为“有教养的”人或“有文化的”人。

有趣的是，杜威又明确反对教育者决定教育目的的观点，认为这是对儿童生长方式施加了外来或人为的限制。相反，杜威认为教育应当关注生长，教育应当被理解为生长。他的论证是：“既然生长是生命的特征，那么教育就是与生长合一的；教育没有外在于教育的目的。”（Dewey，1985［1916］，p.58）从这个角度来解读杜威关于民主的看法，可以说他之所以对包含多种利益诉求、包含自由互动的民主社会感兴趣，首要或主要的原因就在于，民主社会为所有个体的生长提供了最佳条件（参看 Dewey，1985［1916］，p.89）（关于该解读，参看 Biesta，2016b）。也就是说，这是最适宜培养人的一种状况。 31

① 我在许多出版物中讨论过杜威的作品（参看 Biesta，1995，2006b，2014c；Biesta & Burbules，2003）。我在这里讨论杜威的目的，不在于他的作品本身，而是将其作为一个强有力的、相当“精准”的案例，以说明教育作为培养过程的理念。如前所述，将教育作为培养的理念涉及教育机制。这些机制可以“服务”于广泛的教育目的和抱负。

我们可以直接教吗?

在杜威作品中发现的这一培养范式，有一项显而易见的应用：*无法*直接进行教育，只能“通过环境间接”进行教育（Dewey，1985［1916］，p.23）。杜威提出这一主张的原因在于，他认为人类是生命有机体，会与环境持续不断进行“交互”（这是杜威的术语）。这是一个持续不断的“施与受”的过程，杜威把这个过程与诸如呼吸这样的过程进行比照，在其中有机体总是在寻求与环境保持互动平衡。在这个过程中，有机体和环境都会逐步发生改变；环境改变是有机体行动的结果，有机体也会为了适应变迁的环境做出改变。杜威将这些改变称作“习惯”，习惯本身不是行动，而是“行动的倾向”。

虽然大部分改变都自然而然，但我们还是可以这样说：在大多数情况下，我们能快速、轻松地完成调节；而杜威特别关注的，是有机体遇到的那些足以引发冲突习惯的情况。在日常语言中，我们会说有机体在这类情况下变得无所适从了。这也意味着，对于有机体来说，其实际上并不清楚自己目前遇到的是何种环境。杜威认为，解决这类困境的一种方法是试错。这是我们修复交互过程的常用办法。当然，试错就意味着一定有可能犯错，并且有些错误还可能是致命的。从有机体求生的角度来看，确保行动“正确”当然很重要。在这方面，体现了人类有机体的优势。人类可以获得符号，这允许采用杜威所谓“无动作的行动”。人类首先在想象或头脑当中*以符号的方式*尝试不同的反应，一旦确定了最合理的、风险最小的前进方式，接下来就会以该种方式去行事。

当然，此时有机体与环境的交互仍有未被修复的风险，要知道布丁好不好吃总归要先尝一尝。但正如杜威所说，接下来的动作至少变得更“明智”、更少依赖“盲目”的试错了。杜威认为，符号不是与生俱来的天赋，
32 而是来自社会互动，即来自人类有机体试图协调其互动的方式。杜威将这种协调称为沟通。对于沟通，他采取了一种行为主义的定义，将其视为“在至少两个不同的行为中心之间产生共同的东西”（Dewey，1958，p.178）。

杜威由此提供了关于人类有机体培养方式的详细阐述，表明这是有机体与环境的互动过程，而不只是“内部”发展或“外部”影响。一方面，杜威的理论可以被理解为一种反省的或明智的问题解决理论，旨在修复有机体与环境，包括有机体与其他有机体之间的交互过程。另一方面，杜威也为我们提供了一种反省学习理论。这种学习首先发生在身体层面。也就是说，有机体通过不断获得新习惯、新行为模式的方式来学习。这些在有机体与之交互的环境当中可以发挥作用。然而，当人类有机体在解决问题的过程中使用符号时，也会有符号层面的结果，这就是知识、学习和理解。杜威之所以认为我们永远不能直接教，而只能以环境为手段，就是因为根据他的理论，促进新习惯、新知识获取的唯一方法，就是把人类有机体置于新的环境之中。人类有机体通过与这种新环境的交互来获得新习惯、新知识，因此也就实现了新的学习。①

整体图像缺了什么？

杜威于是提供了一种关于人类有机体如何被驯化的有趣解释。杜威方法中最吸引人的地方在于，他不认为这是一个全然的“心理”或“认知”过程，而是某种完全“具身化”的东西。杜威方法的另一个吸引人的地方在于，他并不认为这是一个纯粹个人化的过程，而是认为这也是一个社会过程，或更准确地说，是一个主体间的过程。在这个过程中，沟通至关重要，沟通被理解为至少两个有机体之间在行动上的相互协调。出于这些原因，杜威的理论长盛不衰，并且至今仍在流行。不过，这个理论虽然貌似完整和全面，却还是缺了一些东西。我已将杜威的理论作为教育培养范

① 直接教意味着我们可以直接进入学生的思想，这可以说是杜威否认的一种可能性。当然，作为教育者的我们，也处于学生的环境中；但是，调整自己及自己的理解以适应这样的环境，仍旧取决于学生本人；作为教师或教育者，我们不能替代自己的学生来做这件事。这是贯穿在杜威思想中的建构主义直觉。尼古拉斯·卢曼（Niklas Luhmann）也巧妙地指出过这一点。他说人类可以构成彼此的环境，但是不能参与彼此的自我生成（参看 Vanderstraeten，2005，以获得更详细的讨论）。

式的一个“典型案例”。这是一种为应对持续变迁的环境而做出明智调整的理论。换句话说，它是一种明智求生的理论。然而，在此我要强调的是，求生不等于生活，求生不等于人类生存，或至少不是人类生存的唯一“样态”。

虽然杜威为我们提供了一个复杂而详尽的说明，说明了人类如何反省和明智地适应其所处的环境，但是杜威的说明显然忽略了人类有机体还有
33 可能*拒绝*这样的适应和调整。杜威理论显然忽略的，正是人类有机体说*不*的可能性。通过本章开头的两则故事，我试图表明“可以说不”对于人类生存有多重要。我们因此可以说，杜威的确提供了一种学习理论。根据这一理论，说帕克斯和艾希曼有学习，这一点问题都没有。但是，杜威没有提供此前我提出过的那种教育理论，即一种试图突出“我”的问题的理论。更准确地说，这个“我”会主张自己的生活，而不只是确保自身与环境的“平稳”交互。这个“我”有时会说“是”，但是在另外一些情况下会说“不”，甚至必须说“不”。因此，教育的培养范式可以“解释”艾希曼，但是不能“解释”帕克斯。这也许就是培养范式的主要盲区，是该范式的主要缺憾。一种截然不同的教育范式，因此就有了必要。

范式二：生存教育

至此，我已经多次提及这一不同教育范式的核心焦点是什么了。我们可以非常简要地说，这个范式是“我”的范式。“我”不是一个被培养的有机体，而是一个人类个体。该个体生存，并接受来自自身生活的挑战。这是该范式可以被描述为*生存*范式的原因。这个范式的一个有趣之处在于，“我”不是培养过程的结果，因此不是可以在教育上产出的东西。更准确地说，“我”不可以用培养“事物”的方式来产出。这正表明了该范式与培养范式的根本差异。正如博姆所述，“我”基本上是“自己的工作”(参看 Böhm，1997，p.199)。这个“我”必须是自己*拥有*的“我”，在这一点上任何人也无法替代“我”。

这当然不意味着教育无关紧要，而只是说教育工作不只是试图影响、指导或支持人类有机体的发展，教育还要鼓励自己成为一个自己，可以这么说，是鼓励自己不要远离其自身。本纳使用约翰·戈特利布·费希特（Johann Gottlieb Fichte）的一句话，称这项工作是“Aufforderung zur Selbsttätigkeit”，我们可以将其译为“对自我行动的召唤”（参看 Benner，2015；另见 Langewand，2003；Benner，2003）。重点在于，要意识到这种召唤并非成为*你自己*的指令，否则就会让事情迅速转变为身份问题；这也不是更缓和的让你主动起来的召唤。确切地说，这是成为一个“*自己*”、成为一个“我”的指令。简单来说，当我们说“嘿，说你呢！你在哪儿？”时，这个召唤就已经发生了。这些话可以直指问题的核心。我已经表明，当艾希曼遇到这个问题时，他也许真会说：“我不在这儿”“不是 34
我”“我只是在服从命令”。①

这个指令，这个“嘿，说你呢！你在哪儿？”，是一个非常*直接*的质问。换句话说，它甚至可以说是*直接教育*的一个例子，而且很可能是一个最佳范例。因为，这可以说是来自“灵魂”、对于“灵魂”的发问（关于该术语，参看 Biesta，2017b），而不是有机体试图调整彼此行为，以确保持续成功交互作用的问题。如果从培养范式来看，这种直接教育会被认为是一种不可思议的超距作用，因此只能是“鬼魅般”的。在生存教育范式中，这种直接教育，这种鬼魅般的超距作用，恰恰触及了教育问题的核心。这是因为，“嘿，说你呢！你在哪儿？”，就是在面向人心说话。

① 有趣的是，艾希曼仍然不得不用“我”这个词，来把自己的“我”从情境中撤离出来。因此，也可以说“我”的问题，并不那么容易逃避。

发现新语言：教化（Bildung）、教育（Erziehung）及其区分的价值

通过概述两种不同的教育范式，我试图对二者做出区分。正如我迄今为止试图表明的那样，这一区分对于教育理论和教育实践是有意义的。这一区分并非我的发明，它可以在教育文献里找到，尽管并非每个人都做过这样的区分，并非每个人都能充分意识到这一点，或尤其重要的是，也并非每个人都有适合的语言来做出这种区分。正是在这里，英语遇到了重大困难，因为英语中只有“教育”（education）这一个词。正是在这里，德语中有一些颇值得关注的东西，其中至少可以有两个词可以用来指称教育一事，一个是*教化*（Bildung），另一个是*教育*（Erziehung）。

近年来，*教化*（Bildung）概念在英语世界中越来越常见（比如 Løvlie & Standish，2002；Biesta，2002；Pinar，2011；Horlacher，2017）。与此不同，*教育*（Erziehung）一词在英语世界中仍然很少见（最近的一个例外是 Guilherme，2019）。不过，这两个词都可以说是德国教育思想的基本概念（比如 Benner，2015），也是更宽泛的欧洲大陆教育思想的基本概念（参看 Biesta，2011）。这就提出了一个问题，这两个术语有没有可能与我之前概述的两种教育范式——培养教育范式以及生存教育范式有关。

关于这个问题的诚实回答，需要因地制宜，更具体地说，需要看你在问谁。正如本纳（Benner，2020，p.46）阐明的那样，这些术语的困难之处在于，即使在德语语境中也没有一致的定义，在德国学者之间实际上存在完全不同的解释和偏好。有些人，比如彼得·彼得森（Peter Petersen），将*教育*（Erziehung）视为一个相当严谨的术语，用来指称教育者试图告诉儿童该做什么、如何思考的方式，其含义近乎灌输；而*教化*（Bildung）
35 则被视为一个相当开放的发展和自我培养的过程。本纳还提到了海因茨－约阿希姆·海多恩（Heinz-Joachim Heydorn）的观点。他认为*教育*（Erziehung）是现有社会秩序的再生产，而*教化*（Bildung）则指向解放（参看 Benner，2020，pp.46–47）。本纳本人对这两个术语及其区分，提出

了一种截然不同的解读（尤其可参看 Benner，2020，pp.46−50）。

本纳回到柏拉图，将*教化*（Bildung）与人类引导自身去凝视的能力联系起来，也就是将注意力集中到世界的某个方面。而*教育*（Erziehung）则是引导另一个人凝视的艺术。用这个方法，*教化*（Bildung）和我们自己与外部世界接触的能力有关，更谨慎地说，是与我们从这种接触中学习的能力有关。而*教育*（Erziehung）则与教育者鼓励儿童和青年这样做的方式有关，即鼓励他们参与“自身”的教育。对于本纳来说，这让*教化*（Bildung）成了一个永远不会结束、持续终生的过程，而*教育*（Erziehung）则成了一个会在某个时刻结束的过程，也就是当儿童或青年不再需要“外部”鼓励之时。[①]

至此，本纳的区分可以与我对两种教育范式的概述关联起来。尽管在这种特殊的解读当中，*教育*（Erziehung）工作似乎并非对一般意义上的自我行动之召唤，或者并非像我所说的那样是召唤个人成为一个“我”。毋宁说，*教育*（Erziehung）是召唤人参与自己的教化（Bildung）。照本纳的理解，主要是召唤人参与自己的*学习*。因此，这样的区分还不完全令人满意。但是，我们仍旧可以这样说：如果有人反对，说帕克斯和艾希曼确实都学习了，那么我们可以反驳，这二者的“我”与各自的学习“建立联系”的方式或“参与”学习的方式截然不同。因此，召唤某人“仅仅”成为一名学习者还不够，用我试图在本章阐明的教育视角来看，这甚至还有可能包藏祸根（另见 Biesta，2013a）。

有位作者更加明确地关注到了生存问题，而不把生存简化为学习，他就是博姆。在《人的教育学》中，他将*教化*（Bildung）描述为自己在成为自己方面完成的工作，这让*教育*（Erziehung）成为对这项工作的支持或鼓励（参看 Böhm，1997，p.201）。博姆的作品相当有帮助，因为他对“人”的概念进行了生存方面的解读。这时，“人”不同于个体，更不同于有机体，而是*个体生存的方式*（参看 Böhm，2016）。我在自己的作品中（特

① 这种鼓励的需求能否完全消失，当然是一个问题。参看上一章关于“幼稚”和“成熟”的讨论。

别是 Biesta，2017a)，曾提出教育［现在可以说，就是德语中可以用*教育*(Erziehung) 一词来描述的东西］乃关于对另一个人欲望的唤醒，使之想以一种成熟的方式，也就是作为主体在世生存、与世共存。试图以一种成熟的方式生存，就是努力不被纯粹的欲望所驱使。这要求我不断追问，在一个无法满足所有人全部欲望的星球上，一个人要想与他人共存、要想都过上美好生活，这些个人的欲望或被认为可欲的东西是不是都应该去追求
36 (参看 Biesta，2017a，Chapter 1)。这是一个完全第一人称的问题，是一个我们所有人都最终要自己去面对的问题。我们要警惕，别试图替代他人决定如何回答这个问题，尽管我们可以鼓励他们不要忘记这个问题。

教育的生存工作

在这一章，我追问对教育事实的主流描述，简言之就是强调有效教学和成功学习的教育，是不是可以被认为是完整的，或者有没有可能缺失了某些东西。借助帕克斯－艾希曼悖论我试图表明，从有效教学、成功学习的角度来看的成功或失败，从我所说的略显拗口的“我”的角度来看，结果恰恰相反。我们可以说，当帕克斯将她的“我”介入自己的所学和所行之间时，艾希曼撤回了他的“我”，并最终与既有的社会秩序完全重合。

通过一系列步骤，我试图论证生存视角、“我”的视角的重要性，并试图论证当我们把教育视为培养时，这种视角就缺失了。我把培养看作某种一般范式，在其中有效教学、成功学习的观念占据高位。培养确实有助于人类获得最宽泛意义上的“文化”，教育在实现这样的获得方面的确发挥了重要作用。这是资格化和社会化的工作。虽然如此，我仍试图表明，我们需要一个不同的“角度”、一个不同的范式来解释“我”，以及导向主体化的教育工作。

我没有把“我”看作对人类有机体之培养的产出，而是与本纳一样，认为“我”的问题隶属于不同的*路径*：这是生存路径，而非生物－神经－社会－文化路径。我们可以说，“我”超越了后一个路径，这就是这里的

教育工作不是培养的原因。培养“只会”导向身份，而生存路径则是“召唤”（Aufforderung）。这是“嘿，说你呢！你在哪儿？”，表现为鬼魅般的超距作用，而不是对有机体文化适应的干预，比如对有机体“学习环境”的精心安排。在这里，召唤的全部意义在于，除*我*以外没有谁能响应这一召唤。这意味着，正是这一召唤实现了主体化，把人的主体属性放在利害攸关的位置。当然，“我”仍有可能决定置之不理或保持沉默。

这至少意味着，首要和主要的生存教育工作是*扰动*［关于“扰动的教学法”（pedagogy of interruption），参看 Biesta，2006a］。它扰动了心安理得，扰动了身份认同，扰动了蓬勃发展，扰动了成长，甚至扰动了学习。37
这样的扰动并不意味着摧毁自我、否定身份、阻隔生机或妨碍成长和学习。我们可以说，这些扰动是为了召唤“我”，召唤这个正在努力成为人、正在努力成为某个人、正在努力蓬勃发展、正在成长和学习*进入这个世界*的“我”；它们旨在召唤“我”进入*自己的*生存之中，并使“我”始终铭记，如何回应这样的召唤最终完全取决于“我”。毕竟，“我”的工作终归还是“我”本身的工作，他人无法替代。

我提出，英语的问题之一是只有一个词来指称教育事实。“education”这个词，让人很难意识到需要两种教育“范式”。在这方面，德语传统更有优势，因为它包含两个关键概念可以用来指称教育事实，分别是*教化*（Bildung）和*教育*（Erziehung）。通常情况下，仅仅是词语本身往往无济于事，因为对于词语的解释总会莫衷一是。不过，这两个词确实构成了一个提醒，提醒我们教育的事实是“分裂的”；换句话说，教育是由两个不同的“路径”构成的，也就是生物–神经–社会–文化路径和生存路径。其间的差别至关重要。

最后的补充

这让我想到了最后的一点补充。我在本章根据在帕克斯–艾希曼悖论中“发现”的一个见解，发展了自己的观点。该悖论声称，帕克斯作为一个“我”向前迈进了，而艾希曼则撤回了他的“我”。我确实认为，以这种方式陈述悖论，有助于将培养教育范式中缺失的维度重新纳入视野。它凸显了在帕克斯、艾希曼的例子当中，在培养范式看来的所谓成功与通常的理解恰恰背道而驰。有人仍可能会反对，认为并非帕克斯的“我”在场而艾希曼的“我”不在场，而是艾希曼（或也许是艾希曼的“我”）与帕克斯的“我”一样在场，他们只是做了不同的选择。

我们有没有可能被事实蒙蔽了双眼？也就是许多人（但不是所有人）认为帕克斯的所作所为在道德上是正确的，而许多人（但不是所有人）认为艾希曼的所作所为在道德上是错误的。这是否意味着，在这个更基本的层面上实际上根本不存在悖论？或更准确地说，帕克斯和艾希曼之间的区别，与所谓“我”的缺席与否根本无关，而与他们在这种情况下做出的道德选择有关？这样看问题，并非完全不可能。那样，我们会很快以道德教育来结束讨论，即尝试令儿童和青年获得正确的知识、技能和倾向；此外，还要获得正确的道德架构和德性，以便他们选择正确、拒绝错误的可
38 能性得以增加。这种解读，让我们很快回到了本章描述的道德*培养*，其最终目的是“抑制”儿童和青年做出错误决定的风险。

如果道德培养使儿童、青年成为*道德教育的对象*，那么我在本章尝试探讨的路线关心的就是如何召唤儿童和青年，召唤并鼓励他们成为*道德行动的主体*。为了使后者成为可能，他们的“我”需要发挥作用，而这正是生存教育范式的重点。没有“我”，道德行动和道德判断就终究没有可能。从这个角度可以看得出，艾希曼确实撤回了他的“我”，乐意作为对象而不是主体生存，因此他永远意识不到自己的责任所在，或者说责任问题永远不会出现在他的眼前。而帕克斯确实让她的“我”发挥了作用，她非常清楚那样做会被捕，并且完全愿意承担行动的后果。

因此，生存教育不是一种道德教育形式，而且肯定不是一种道德说教式的教育形式；它是一种*发挥*学生的“我”之作用的教育，是*确保*学生之“我”始终在场的教育。贾克·洪席耶（Jacques Rancière）① 以一种非常

---

① 在繁体中文译本中，“Jacques Rancière”常依其法语发音而被译作“贾克·洪席耶”，（转下页）

有趣的方式捕捉到了这一机制。他把“解放的教师”之“召唤”，描述为“禁止所谓无知的人满足于……承认自己无法了解更多”（Rancière，2010，p.6）。拒绝让学生满足于成为一个对象，满足于将自己客体化，满足于不必作为一个“我”来“出场”，也许正是生存教育的出发点。

（接上页）而不是“雅克·朗西埃”。包括《无知的教师》在内，洪席耶作品的中译本已经有接近10本了。关于其思想全貌，可以参考两本介绍性的书：德兰蒂．朗西埃：关键概念 [M]. 李三达，译．重庆：重庆大学出版社，2018；拉蒙．朗西埃：智力的平等 [M]. 钱进，译．福州：福建教育出版社，2022. 另外值得一提的是，比斯塔在一本与洪席耶等人合著的著作中，收录了洪席耶文章的英译版本《论无知的教师》（On Ignorant Schoolmasters）。参看 Bingham C, Biesta G,Rancière J.Jacques Rancière: Education, Truth, Emancipation [M].New York: Continuum,2010.——译者注

第四章　重新审视主体化

40 教育要有生存取向，它关注如何鼓励、支持儿童与青年，让他们作为自身生活的主体，而不是作为培养、干预的对象。这提出了该取向在现代学校以及更一般的现代教育系统当中（第二章）、在当代教育理论当中（第三章）以及在日常教育实践当中的空间问题。这部分是“做”的问题，关心作为教育者的我们，如何在日常工作中为教育的生存取向创造空间。但是，实践从来都不*只是*“做”，好的实践总是*深思熟虑*的结果。这意味着我们还需要理论和语言，来帮助自己谈论和思考教育实践。我为表达教育的广阔“范围”，曾提出过三个概念，分别是资格化、社会化和主体化。本章会重新审视这些概念。

在引入这些概念时（Biesta，2009），我认为它们为区分教育的不同“方面”或“维度”提供了一个简洁有力的方式，强调了教育在知识和技能方面的工作，在价值观、文化和传统方面的工作，以及把学生塑造为人的有关工作。虽然这对我来说确实说得通，对许多一直在使用这些概念的
41 其他人来说也是如此，但是我也遇到过一些例外的解释，它们似乎遗漏了我通过教育目标三“领域”的区分试图传达的一些要点。在三者当中，尤其是“主体化”这个概念容易产生混淆。时过境迁，我现在会说“主体化”指的是教育的生存维度。不得不承认，我也需要时间来把握这一点，进而找到合适的语言加以表达。因此，我会在本章重新审视这三个领域，尤其是“主体化”这个概念。

一件“复杂和不寻常的事”

莱恩（1875—1925）是20世纪教育史上鲜为人知的人物之一。我要承认，直到在夏山学校创始人A. S. 尼尔（A. S. Neill）的作品中遇到他，我才知晓其人与其作品。有趣的是，尼尔不只提及莱恩，而且把他称为生命中“最具影响力的因素”（Neill，转引自Armatyge，1975）。作为尼尔的仰慕者，我对莱恩及其“小联邦”（Little Commonwealth）发生了兴趣。这是一所基于参与和自治原则的寄宿制学校，由莱恩于1913—1918年在英格兰多塞特郡的乡下创立和运营。关于莱恩及其学校的文献不多（Bazeley，1928；Wills，1964；另见Brehony，2008），莱恩本人的作品也很少。关于他自己教育理念的唯一还算全面的描述，是一本1928年出版的题为《对父母和教师的谈话》（*Talks to Parents and Teachers*）的小册子（Lane，1928）。

莱恩建这所学校，是为了给来自内城的男孩、女孩再提供一次机会，有时甚至是第三次、第四次机会。这些人都有“问题”背景，多数人曾被刑事定罪。有趣的是，莱恩不是通过纪律、行为管理或严格的“再教育”制度来做到这一点，而是借助自由。他没有剥夺学生的自由，而是把自由还给了他们。可以说，他是希望这帮学生可以重新与自己的自由联系起来，并把这样的自由变成他们“自己的”自由。从更传统的教育观点来看，莱恩的做法面临巨大风险，正如尼尔稍后会在夏山学校做的那样，有许多年轻人逃出学校，在附近村子里惹出了麻烦事。不过，这里也有相反的例子。

在《对父母和教师的谈话》中，有一章题为“对权力的误解”（Lane，1928，pp.159–169）。莱恩在其中记录了自己与一个名叫杰森的16岁男孩在喝茶时的相遇。这是一个相当“粗鲁”的男孩子，有过犯罪和逃离这个小联邦的记录。在这里，杰森显然过得不怎么如意，所以莱恩建议他召集一些自己的朋友参加下一次学校干事选举，这样就能够改变一点什么了。当杰森说自己“想管一管这个地方”时，莱恩问他首先要做什么。杰森一开始不确定自己要说什么，四处打量了一番之后，他回答说想要“砸掉那些拿来装腔作势的茶具”。这是一些杯子、碟子什么的。杰森说，这些都是“为女人和娘娘腔的男孩准备的”，不适合像他这样的硬汉。莱恩回应：他希望杰森在小联邦过得快乐，如果砸杯、砸碟可以有这个效果，那么他就可以砸掉它们。

42 在接下来的片段里，莱恩描述了自己如何从壁炉那儿为杰森取来拨火棍——杰森确实砸了面前的杯碟，包括摆在莱恩面前的两个。房间里的其他男孩目睹了这一切，开始指责莱恩，说他给杰森壮了胆去砸东西，说他在教唆杰森这么做，是在煽动杰森出洋相。杰森顺坡下驴，说问题“不在于盘子，而在于你让我砸它们”(Lane，1928，p.166)。正当此时，屋子里的另一个男孩发现，那些杯碟实际上不属于莱恩，所以他无权把它们交由杰森处置。这样一来，事件进一步升级了。通过这个有趣的转折，杰森突然成了整个局势中的英雄，而莱恩反倒成了有过错的那一个。实际上，杰森确实在为自己辩护，说他砸东西的主要原因是敢于冒险，因为“我可不是胆小鬼”。

这时，莱恩拿起自己的表，放在杰森手里，说：“这是我的表，杰森。我谅你也不敢砸。”莱恩继续写道：

> 小伙子看了看表，又环视四周，看了看朋友们焦急的面孔。过了一会儿，他的表情变成了绝望。他抓起表，好像要把它扔进炉膛。他瞥了我一眼，希望我能在最后一刻行使权威来阻拦，好让他可以继续在维持那些他看重的态度上取得虚假的胜利。这片刻的犹豫，让真正的杰森浮出了水面。他垂下手，把表放到桌上。“不，我不砸你的表。”他这样说，试图以善意的慷慨来掩饰自己的尴尬。(Lane，1928，pp.167—168)

最终，杰森和自己的朋友们离开了房间。第二天一早，杰森跑来问莱恩，自己可不可以在学校的木工作坊里干活。当莱恩问及原因时，杰森笑着说：

“哦，我只是想赚点外快，来赔昨晚你弄坏的那些碟子。”（Lane，1928，p.168）

莱恩把这件事称作“复杂和不寻常的事”（Lane，1928，p.169）。我转述它，并不是因为它显然成功“扭转”了一个身处困境的年轻人[1]，而是因为莱恩的行为提供了一个生动、准确的案例，可以表明什么是*主体化*教育。现在可以回过头来，去解释为什么莱恩的故事是这样有说服力的一个“案例”了。

教育目标三领域

早在 2004 年的许多出版物当中（参看 Biesta，2004），我就表达了对于最终被称作教育“学习化”的担忧。“学习化”是指教育的话语、政策和实践向学习者及其学习的转向，从而远离教师、教学和课程。这种转向通常表现为对于自上而下的教育理念和实践的回应，后者侧重于教学、课 43
程以及更宽泛的教育供给侧。转向学习也被视为对专制的教育理论和实践的回应。在其中，教育被作为一种控制形式，但是不同于弗莱雷的“储蓄教育”（参看 Freire，1993）。从这个角度来看，转向学习被认为是一种进步。位于中心位置的是学习者及其学习，不再是教师和课程。这种理解和从事教育的方式，得到了建构主义学习理论、知识理论的支持，认为学习者最终必须自己拿主意，必须形成自己的理解。教师显然不能代替他们做这些事。

关于“新兴学习语言”的出现，以及更普遍的教育“学习化”，我批评的一个重要方面是，“学习”实际上是一个相当空洞的过程性术语。“学习”一词并不关心*学什么*以及*为什么学*，甚至根本就无视了这些问题。然而，恰恰是这些问题对于教育来说至关重要。教育的重点从来都不只是让

① 莱恩提到，杰森成了“这群人里最好的木匠”，被选为学校公民法院的法官，后来参军并在战争期间在法国不幸遇难（参看 Lane，1928，p.169）。

学生学习。学生可以随时随地学，包括在今天的互联网上。但是，他们总是在学*某些东西*、*出于某个理由*、*从某个人那里*学。学习语言的关键问题，是倾向于隐去诸如教育内容、目标和关系这一类问题，或假设这一类问题的答案显而易见、确定无疑。[①]

除了这些考虑，我还认为把教师视为“学习促进者”的想法，误解了教育关系的复杂性以及教师在教育关系中的角色（参看 Biesta，2012）。比如，谈到“传统”教育和“进步”教育，就认为前者是关于教师和教学的，后者是关于学习者和学习的。这样的对立，我认为有简单化和误导性的嫌疑，因此要重新发现教（Biesta，2017a），让教与进步的议题和抱负重新联结起来，而不仅仅是从权力和控制的角度去考虑问题。我还倾向于认为，生活不只是学习，这是教育不应局限于学习的一个重要原因（参看 Biesta，2015b），也是不应该*泛泛*去说终身学习的原因所在（Biesta，2018b）。

在关于教育学习化的讨论当中，一个引人瞩目的要点与教育目标问题有关。在这里，我提出教育的特殊性和最有可能的独特之处在于，教育不指向某个*单*一目标。比如，医学指向健康（的提升），法律指向正义（的追求）。教育实际上有三项目标，或用我更喜欢的表达，就是有三个目标*领域*。

44 相关论证始于我对教育功能的简单分析。许多人可能会同意，教育的关键功能与知识、技能和理解的传递与获取有关。教育*资格化*功能是教育的一项重要任务，这为（义务教育段）学校教育提供了一项重要理由。有人也许会认为，这就是学校教育的全部。他们认为，任何“超出”资格化领域的工作，都会触及学校应该远离的、麻烦的规范性问题。尽管如此也不难看出，即使是最简单的知识和技能的供给，也提供了某种表达世界或呈现世界的方式，回答了什么会被认为是有价值的（参看 Mollenhauer，

① 当前“测量时代”（Biesta，2010a）的问题之一是，对教育目标问题通常以在可测量的“学习成果”上的产出来回答，测量内容往往左右了对于问题的讨论。

2013）。鉴于世界永远无法完整表达或呈现，因此就算是在知识和技能领域，也已经充满了带有价值涉入的甄别和筛选。因此，除了资格化以外，*社会化*总在进行。无论是外显的还是内隐的，对于特定文化、传统和实践的表达与呈现总在进行，正如对“隐形课程”的研究表明的那样。所有这一切，都会对作为个体的学生产生影响，既可能增强也可能限制他们的潜质与素养。这可以叫作个体化，我则建议将其称为主体化。

教育总在这三个领域*发挥功能*，资格化和社会化总在进行，并且总在对作为人的学生产生影响。从这个观察来看，那些参与设计和实施教育的人，可以说总要面对这样的问题：自己的努力，要给这三个领域分别带来什么？正是这样，教育的三项*功能*变成了教育的三种*目标*。如果认为在每个“标题”下还有更多具体决定要做，那么它们就变成了*教育目标的三个领域*。

认为教育不只有一项目标，这个说法当然并不新鲜。比如，基兰·伊根（Kieran Egan）提出，教育应侧重于社会化、（学术）知识的获取以及对个人发展的推动，并认为应该让这三者都在教育中占据一席之地（参看 Egan，2008，特别是第二章）。泽维·拉姆（Zvi Lamm）对社会化、文化适应和个性化作为三个可能的教育目的做了类似的区分。不过，他倾向于认为，三者*无法*在同一个系统中得到统一（参看 Lamm，1976）。杰罗姆·布鲁纳（Jerome Bruner）在讨论“教育目标的复杂性”时，确定了与教育目标有关的三个“无法解决的张力”：个人发展与文化再生产之间的张力、发展才能与获取工具之间的张力，以及特殊性与普遍性之间的张力（参看 Bruner，1996，pp.66–85）。

三位作者都承认，教育不仅仅是为了让学生获取某些东西，比如为了文化复制和文化延续；教育还要“对”学生做某些事，教育应该对学生有益。因此，除了资格化和社会化以外，他们还支持第三个领域的想法，就 45
是与作为个体的学生有关的东西。这也是我在接受自己关于三个目标领域的想法时所看到的。不过，第三个领域的关键之处仍旧难以把握，更具体地说，就是“主体化”为什么会是一个合适的选择。如前所述，我其实也花了不少时间才最终能加以理解和表达。

主体化：成为自己！

与其直接铺陈定义，不如先行强调主体化概念中利害攸关的部分，也就是我们作为人的自由，包括行动的自由以及不行动的自由（参看第一章有关故意不作为的部分）。这不是作为理论建构或复杂哲学问题的那种自由，而是一种更平常的经验。要知道，在生活际遇的许多情况甚至全部情况下，我们都有点头或摇头、留下或走开、顺从或反抗的可能。在生活中遭逢这种可能性，尤其是首次面临这种可能性，是一种非常重要的经验。尽管反思自己的过往、尝试回顾最初的际遇的确有趣，但是这里谈论的不只是儿童。我考虑的还包括所有那些社会、历史、政治和物质的条件，它们阻止人去看到自己在能动、自由和主体属性方面的选择。以这种方式来看，结果就会像我在本书前面部分提过的那样，自由在根本上是一个*生存*问题。自由关乎我们如何生存，与我们如何过自己的生活有关，任何旁人都无法替代我们。换句话说，自由是第一人称的事。就像走路一样，是必须亲力亲为的事，没有任何人可以替代*我*（另见 Mollenhauer，2013）。主体化是关于*我*如何作为自身生活的主体来生存，而不是作为迎合他人愿望的对象。

正如第一章所述，教育并不总对自由感兴趣。更准确地说，教育并不总对*提升*自由感兴趣。我们甚至可以说，教育在许多情况下仍然对自由不感兴趣。正如耶格（Jaeger，1965）所说，在西方历史上，教育兴趣在很长一段时间内是“贵族化”而不是“民主式”的（参看 Säfström，2019）。教育是为给那些*已经*自由的人提供文化资源，让他们能够尽善尽美。在许多遗留至今的精英论教育当中，这仍然是教育的第一要务。这让教育机会平等的问题变得更加紧迫和复杂（参看 Biesta，2020a）。

如前所述，卢梭的《埃米勒》是把人的自由问题置于教育“议题”核心的最早文本之一。（也许它就是最早的文本，我把这个问题留给教育历史学者去处理。）尽管卢梭的文本复杂且包含矛盾，但是我确实认为卢梭把教育者的工作指向了儿童“主权”。用我已经多次使用过的短语来说，基于所有那些试图破坏和阻止这种可能的自然力量、社会力量，给新生代一个公平的机会，允许他们作为主体去生存，把这些作为教育的方向和动机。 46

对于提升自由的兴趣，给教育者带来了一个困境。康德将其简要表述为所谓“教育悖论”。他的概括是：“［作为教育者的］我如何通过强制的方式来培养自由？”①（Kant，1982，p.711；本人自译）。然而，正如我在前一章讨论的那样，教育“行为”并不适于被看作培养，它有把受教育者降格为对象的风险。本纳（Benner，2015）把教育（Erziehung）视为“Aufforderung zur Selbsttätigkeit”。这一理念要更加贴切。“Aufforderung”是召唤、鼓励，不是面向对象的干预，而是对*作为主体*的受教育者的言说。简言之，在说“嘿，说你呢”的时候，先已假设有一个“你”在“那里”了。

有三件与此有关的事值得一提。第一，假设有一个“你”在“那里”，这只不过是一个假设。然而，在这个假设的基础上行动，也许就是最根本的教育“姿态”了。在《重新发现教》（Biesta，2017a）的第五章，我说这种姿态是“反事实的”。也就是说，这是作为教育者会接受的一个假设，并且是作为教育者必须持有的一个假设，但是这又可能与所有可用的证据背道而驰。然而，这正是这种教育姿态的全部意义所在。我们不会先要求儿童或学生提供证据，证明他们是主体；我们不会在他们说服我们以后，才开始这样的教育。情况不是这样。恰恰相反，作为教育者，如果我们在行动时并不假设工作对象的主体属性，那就可能什么也不会发生。用更激进一点的表达，是任何事都不会发生。这是父母要跟自己新生的孩子说话的原因。他们并不假设自家孩子能够理解父母在说什么，真正的原因是在与婴儿交谈时，他们将这个婴儿当成了主体。正是在这么做的时候，他们为

① 德语原文是：Wie kultiviere Ich die Freiheit bei dem Zwange?

这个孩子提供了作为主体生存的可能，在世界之中生存并与世界共存。换一个稍有不同的说法：他们为孩子打开了世界，以主体的方式在世生存、与世共存。

这里要提到的第二点与“Selbsttätigkeit”有关。正如我在上一章解释的那样，它可以译为自我行动。然而，“Aufforderung zur Selbsttätigkeit”并不是要召唤人（变得）主动，而是要召唤人*自动*。用更日常的语言来说，这不是做自己或成为你自己，尤其不是为所欲为意义上的做*你自己*。它乃是关于成为一个自己，成为自己生活的主体。“Aufforderung zur
47 Selbsttätigkeit”，召唤儿童或青年成为一个自己（本纳），唤起儿童和青年作为自己生活的主体来生存的愿望（比斯塔），拒绝儿童和青年不作为主体的那种安逸（洪席耶）。这就是主体化的教育或教育的主体化（参看后文）。

因此，这与主体的教育生产无关。在生产性语言当中，主体成了“由外部干预产出的东西”。而主体化教育是让儿童或青年的主体属性“发挥作用”，帮助他们不要忘记自己作为主体生存的可能性。这表明，这里的教育姿态根本上是非肯定式的。这是本纳的另一个有用的短语（Benner, 1995）。因为，教育者并不告诉儿童应当成为什么样的人，可以怎样对待自己的自由，可以采用和追求哪些“模板”或“形象”。后面这些都是肯定式教育的例子，或用我已经提到的术语来说，都是“强”社会化。

除了所有这一切，我们当然还不应该忘记，儿童或学生会不会回应这种召唤。这是问题的第三点，结果如何完全取决于他们。教育者既无法生产，也无法控制。这就是之所以说主体化的关键在于受教育者之自由的原因。

关于莱恩那件“复杂和不寻常的事”，我特别看重的地方在于，这不是预先计划好的事，而是莱恩发现和捕捉到的一个教育契机。它提供了一个如此明确的案例，说明了主体化教育的机制和取向。莱恩所做的，几乎就是把杰森的自由放在他本人手中。莱恩没有谴责杰森，没有说杰森不负责任，没有告诉杰森做事要更负责任。他没有评价杰森有容易犯错的特点，应该在品德方面多加努力或接受一些品德教育。他也没有透露杰森欠缺什么，还需要学习什么。

莱恩所做的只不过是让杰森面对自己的自由，提醒他这是他的自由，而不是莱恩的自由。拥有这种自由的全部意义就在于，由杰森自己来决定如何行使这种自由。换句话说，莱恩在"提醒"杰森作为自身生活主体来生存的可能性，而不是各种"加诸"杰森的力量之对象。这些力量有很多，可能来自"外部"，比如朋友的看法和社会期望；也可能来自"内部"，比如骄傲、尴尬或自我形象。这个故事可能有点浪漫的味道。如前所述，这毕竟是一个"成功故事"。不过，其中的机制是真实的，杰森完全可以把手表也砸掉，如果他决定那样做的话。

自由、生存和世界的限度

尽管自由位于教育主体化的核心，但是仍需注意这不是为所欲为的那种自由。换句话说，这不是新自由主义的"消费自由"（参看 Biesta, 2019c）。更确切地说，主体化与"高品质"的自由有关，即与我们作为主 48
体生存紧密相连的自由有关。这绝不是一种只与我们自身有关的自利性生存，而是始终生存于世界之中并与世界共存。与人类和其他生物共存"在"同一个物理环境之中，这不只是一个简单的行动背景，而是我们据以行动的复杂网络。正是这个网络，在支持和塑造我们。

这个自然世界和社会世界是完全真实的，其既让我们的行动变得可能，也为我们的行动施加了种种切实的限制。要作为主体生存于这个世界、与这个世界共存，其中的一个要点就在于搞清楚这些限制是什么，搞清楚应该考虑哪些限制。也可以说，哪些限制是真实的，哪些限制是滥权的结果。民主问题与共同生活对我们拥有之自由的限制息息相关。生态危机以一种强有力的方式告诉我们，我们与生命世界、物质世界的接触并非毫无限制。

在这个问题上，阿伦特对于行动和自由的反思仍然有价值。她为人类行动提供了一个颇为精当的定义，其结果是对于自由的更准确、更具政治性和更具生存意味的理解。如其所述，阿伦特区分了人的开端能力、自发能力，以及自发性的实现，即“到达”这个世界。为了让后者成为现实，我们的自发性需要被他人接受，唯有此时阿伦特才会谈及“行动”。因此，对于阿伦特来说，“行动”指的是我们的开端及其被他人接受的方式。这有助于理解，为什么阿伦特会说我们永远不能孤立行动，为什么“被孤立意味着被剥夺行动能力”（Arendt，1958，p.188），因为我们完全依赖于他人接受我们开端的方式。

这也是阿伦特更喜欢“主体”而不是“个体”等概念的原因。正如她所写的那样，我们是主体具有双重含义：我们是自己的自发性和开端的主体，同时我们也受制于他人是否以及如何接受和继续我们的开端。我们要记住，他人也是开端者，因此可以自由地以他们自己的方式来接受我们的开端，而不是按照我们的心愿行事。阿伦特写道，想要控制他人如何对待我们的开端，恰恰会阻碍他人把自己的开端带入这个世界以及把他们自己带入这个世界。那样的话，我们最终会进入一个只有我可以行动的世界，所有他人都终会成为追随者。

表明我们的自由并非没有限度，有另一种略显不同的方式：我们生活的世界，不是我们自己的创造，而是独立于我们的存在。换句话说，我们生活在其中的是一个真实世界，并非幻象。这个真实世界也包括“我们的”身体。正如我在《重新发现教》（Biesta，2017a，特别是第一章）中更
49 详细讨论过的那样，当我们的自发性遭遇阻力时，我们就在面对这样的真实。这可能是来自物质世界的阻力、来自自然世界的阻力，同样也可能是来自社会世界也就是来自他人的阻力。如果世界完全接受我们的开端，一切就都会十分不同。从意图和自发性的角度来看，遭遇阻力可能会产生一定程度的挫败感。

出于这种挫败感，我们有可能尝试付出更大的努力来克服自己遭遇的阻力。为了让我们的自发性抵达这个世界，这一点有时会显得非常重要。但是，总有这样的危险，如果我们过于努力，就有可能破坏试图抵达的这个

世界。在光谱一侧我们发现了毁灭世界的风险，在光谱另一侧我们发现了自我毁灭的风险——出于挫败感，我们退缩了，把自己从情境之中撤离了出来。这表明持续终生的生存挑战，就是试图保留在毁灭世界和自我毁灭之间的那个困难的“中间地带”。无论是作为一种实体还是作为一个隐喻，恰恰是在这个“中间地带”，我们实现了阿伦特所谓“在这个世界安居”，并尝试“让自己与现实和解”（参看 Arendt，1994，pp.307–308）。

如果映射到教育文献中来，幻象与现实的差异就是过自己生活时的“幼稚”方式和“成熟”方式之间的区别（尤其参看 Meirieu，2007，见第二章）。如果说幼稚生活方式的特点是无视真实，只追随自己的欲望，只依据想象行事，那么成熟生活方式的特点就是愿意对自己的意图和欲望做“事实核验”。这样就可以与他人是什么、他人是谁这些问题发生联系，而不只是排斥或否定他人了。

“幼稚”和“成熟”这两个词的对比还很粗糙，似乎暗示这种差异与年龄有关，好像我们一旦到达某个年龄，就解决了与真实接触的难题，并且在此后余生一劳永逸地解决了这个问题，而直到那个年龄以前我们都无法做到这一点。然而，我们都知道，与现实和解的挑战是持续终生的。正如我在第二章讨论的那样，这是一个在“冲动社会”中更庞大、更紧迫的挑战。我们也知道，儿童有时更善于保持在中间地带，而许多成年人甚至是整个社会则可能继续追求幻象。受列维纳斯的启发，用一组更棒但是更技术化的术语（Levinas，1969，p.35）来说，就是将其视为在生存方式、试图过自己生活的方式上，“本我逻辑”和“非本我逻辑”的区别（另见 Biesta，2017a）。

主体化教育

因此，认真对待主体化问题的教育，面向的显然是成熟的生存方式，是成熟地过自己生活的方式。但这种教育并不认为成熟是发展、培养或社 50
会化过程的结果，而是指向了一种从未解决的生存挑战，也就是在困难的

“中间地带”过自己的生活。用一种更加准确但略显拗口的说法就是，“主体化教育”并不是要强迫儿童和青年停留在那里，而是鼓励那种在世界上过自己生活的“品味”。正如梅里厄（Meirieu，2007，p.96）所说，是要唤起一种在世界上过自己生活的欲望，不认为或也不会将自己置于世界之中心。

某些人很可能认为，主体化是“模糊的”、不切实际的。其实不然，所有这些实际上都表明了一套十分具体的教育“参数”。当然，这一切主要还取决于教师能否创造出良好的教育实践。它要求的是，教育让人与真实的相遇成为可能；换句话说，教育让我们可以对自己的倡议、抱负和欲望进行“事实核验”。这就要求，除了其他以外，教育不能停留在概念上，而是要有一些至关重要的真实之物；无论是物质世界还是社会世界，都可能与人相遇。在某种意义上说，这是课程问题，而不是一套“学习产出”；这是摆在学生“台面上”的东西，是学生与之接触的东西。我要强调的是，学习只是学生参与或接触面前之物的一种方式。

与真实事物相遇，往往表现为一种*扰动*，表现为意图和自发性之流的扰动。这意味着主体化教育具有扰动的品性。与真实相遇，或联系真实来满足个人欲望，不是某种“急就章”，而总是会需要时间。这是主体化教育需要遵循*暂停*原则的原因。放慢速度、提供时间，学生就有可能遇见世界，有可能在这个过程中遇见自己，有可能实现这一切。需要提醒的是，希腊语中的“schole”本就意味着“闲暇时光”（参看 Prange，2006），也就是还没有成为生产力的那些时光。这个含义非常有帮助，它强调的是认真对待主体化的学校。我在第二章已经论证过，为什么这一点比以往任何时候都要更加紧迫。要提供这段舒缓的时间，提供一段时间来放慢速度，让学生可以在这里尝试、失败、再尝试，然后就是塞缪尔·贝克特（Samuel Beckett）所谓的“稍加改观”。我想尼尔在夏山学校想要做的，也正是给年轻人提供时间，尤其是给他们提供遇见自己的自由时光。因为，只有与自己的自由相遇，更正式的教育对他们来说才有可能和有意义（参看 Neill，1960，1966）。

主体化教育在不断把学生“带回”中间地带。在那里，他们可以满足成为自己的召唤，并解决这可能意味着什么、这可能向他们提出什么的问题。如果是这样，教育的重要之处恰恰在于为他们提供支持和养分，让他们保持在这个中间地带。因此，如果要认真对待主体化，那么扰动、暂停和*维持*就是可以向教育提出要求的东西，它们是三项重要且在某种意义上非常具体的要求。不难看出，这有悖于当代教育在资格化、社会化方面的一意孤行。在当代教育中得到强调的是"速度与激情"，而不是保持耐心和信任的静水流深。

主体化教育，是认真对待儿童和青年成熟的主体属性问题的教育。这种教育并不试图用主体化取代资格化、社会化，因为那样的教育会迅速蜕变为一种自我耽溺的疗法。这种教育是一种对其优先事项采取不同看法的教育，是把儿童和青年的主体属性问题（也就是他们在世界之中、与世界共存的问题）置于核心的教育。这种教育总是要让学生的主体属性发挥作用，但不是以对抗或道德化的方式，而可以说是要让儿童和青年"转向"世界。正如我在第一章已经提到过的，这种教育同时也为处于世界之中的儿童和青年提供方向（这属于社会化的工作），为儿童和青年提供"生活装备"（这属于资格化的工作）。

重复一遍，我们的主要建议颠覆了对于教育优先事项的通常理解。这并不是说资格化才是核心，有时可以加入社会化，而主体化则是有闲、有钱人群的奢侈品。相反的，全部教育都应该首先关心学生的主体属性。激发在世界中生存并与世界共存的欲望，需要使这种与世界的相遇变得可能（这是社会化），需要确保儿童和青年有充分的准备去在这个世界上行动（这是资格化）。这不是翻转课堂（翻转课堂恰恰是一个高度依赖学习逻辑的观念），而是一种翻转课程。在其中，资格化和社会化工作总是留心同一个问题：在某个具体学科、课程的范围内，针对某个具体主题、任务，学生如何实现与世界的相遇、在与世界的关系中遇见自己，并探索以成熟的方式生存在世界之中、与世界共存意味着什么。

什么不是主体化

上述内容进一步表明了什么是主体化，以及主体化教育的目标和样貌。现在我想就主体化*不是*什么做一番考察，尤其是要澄清主体化概念试图表达哪些不同的东西。

52 一个常常被提出的建议是，主体化或更具体地说是主体属性概念与身份概念等同。尽管身份是一个复杂且包含多个面向的概念，关于其意义和地位的讨论也经久不衰（参看 Schwartz，Luyckx & Vignoles，2013），但是似乎可以肯定地说，身份是关于我是*谁*的问题，既包括我认同什么，也包括我如何被他人和自己认同。简言之，身份事关认同。然而，主体属性不是我是*谁*的问题，而是我*如何*存在的问题。也就是说，主体属性关于我如何生存、我如何尝试过自己的生活、我如何回应和参与生活中遇见的一切问题。因此，它包括在具体情境下，尤其是当我被召唤时（换言之，当我的“我”被召唤时），我如何“处理”自己身份的问题。比如，如何处理我已经学会的一切，如何处理我的潜能和素养，以及我的盲点、无能和缺失。这意味着身份的“工作”，实际上发生在*社会化*领域。毕竟，在这个领域教育旨在为学生提供接触文化、传统和实践的机会，并邀请学生以某种方式在这些文化、传统和实践中“定位”自己。当然，同时要牢记，这不是一个我们可以完全控制的过程——我们的自我认同，毕竟有可能与其他人的看法有很大不同。

主体化也与个性和个性发展无关。个性是一种心理学建构，对行为差异背后倾向的解释，往往就是根据特定的个性“特点”。区别不仅在于个性是一个心理学概念，而主体属性是一个教育概念；对于本章的线索而言，更重要的区别在于，个性是一个*说明性*概念。它要说明，人为什么会如此这般行事。在这个过程中，它从外部、从第三人称的角度把个人视为可说明的“对象”（用稍微“柔和”一点的词来说是“实体”）。主体属性不是一个说明性概念，指向的往往是个人如何生存。可以说，它指向的正是我如何由内而外存在。主体属性是一个第一人称视角的概念，是从行动（或决定不采取行动）的个体角度出发来看的一个概念。看到个性和主体属性分别隶属于截然不同的两条路径——分别是说明路径与生存路径，这不只是为了掌握主体化概念关于什么，也是为了确保主体化的生存领域不会被人格测验和测量所“殖民”。比如，目前相当流行的“大五人格量表”（Big Five Inventory）似乎正在进入教育领域，OECD 寻求将其测量扩展到学生的人格领域（这方面以及类似的发展，参看 Williamson，2017；Sellar & Hogan，2019）。换句话说，主体化不是有待测验的又一项学生表现。

主体属性也与主观性或个人性无关。在某种意义上，我们甚至可以说 53
主体属性与主观性或个人性恰恰是相对立的，因为它关乎我们在自然世界和社会世界中的在世生存和与世共存，而无关于一个人的个人或主观意见、思想和信念。主体属性只在我们遭遇“客观性”时，也就是说只在我们遭遇一个外在于自己的真实世界之时才会发挥作用。这个世界不是我们构建的，也未必会如我们所愿。这意味着，主体化不是要表达个人意见或内心感受，而是如此前试图概述的那样，是关于这些观点、感受如何与世界“相遇”。因此，主体化教育显然不是要去征求学生的意见，或为他们提供“不设限的”自我表达机会。[1] 这样说，并不意味着要禁止学生表达。而是说，主体化教育是要确保学生试图表达的内容能够“面向”世界，以便像我说的那样让“事实核验”成为可能。学生有可能表达美妙的东西，也有可能表达非常成问题的思想和信念。因此，不分青红皂白地“接受”来自学生的任何表达，不仅不是教育性的，而且在事实上有可能是成问题的，甚至是危险的（参看 Biesta，2019d）。

现在或许不难看出，主体化也应该与*个体化*区分开来。再次重申，个体化是个人通过与尽可能宽泛意义上的“文化”互动（这是培养的过程）来成为一个个体。主体化则是另一回事，是结合自己的个性，结合已经获得、学习和掌握的一切，结合过往的发展来作为主体生存。帕克斯和艾希曼都是个体，都有学习和发展，但他们最终却做出了完全不同的处理。这

① 有关教育“表达主义”的详细批评，请参阅 Biesta，2017c。

也意味着另一个很重要的方面，主体化不能被理解为一个生成过程，不能被理解为*朝向*主体的发展。所以我们可以说，主体化总是会中断我们的生成过程。这是一个总在此时此地发生的事件，不是某个遥远的未来。

在此，我还想补充两点。一个次要的方面是，主体化也不应该与我提出的“自我对象化”混为一谈。在许多国家，学生正在被鼓励或只是被告知，他们应该是自身学习的主人，应该对自己的学习负责，甚至有类似学习合约这样的详细策略来实现这一点。这得到了心理学中有关自我调节和自主决策理论的“支持”。但是，从我在本书探讨的生存的角度来看，所有这些做法都没有抓住重点。[①] 乍看起来，把所有权交给学生似乎是在授权。但是，实际的情况是，我们是在强迫学生接受自我管理的模式，强迫他们监控和规范自身及其行为，从根本上说是把*他们*自身变成自我控制和管理的对象。这里发生的就是自我对象化，导致了负责管理的自己和被管
54 理的那个自己之间的明显分裂。这些策略不是授权，而是把教师职责转嫁给了学生。在大多数情况下，教师声称的授权，实际上只是伪授权。如果学生说自己就是不学或宁愿彻底脱离学校，那么这种表达授权的方式很快就会被否决掉。

最后要说的是，主体化也不应该被理解为负责，更具体地说，不应该被理解为自己承担责任。换言之，主体化不属于道德范畴，正如主体化教育不应该被理解为一种道德教育形式，更不应该被理解为一种道德说教的教育或道德社会化一样。[②] 简单来说，主体化并非关于责任，而是关于自由，包括不负责任的自由，亦即逃避责任的自由。当莱恩把表递给杰森时，他没有说“我想让你负责任地行动”，而是表示“这是你的自由，由

---

① “没有抓住重点”这一表述，并不是要说它们错误或毫无意义，而是说它们在处理不同的问题，在某种意义上是在谈论有别于生存教育“核心”的不同现实。用我在第三章用过的短语来说，它们归属于不同的路径。简言之：自我调节和自我决定理论，是从外部观察个人并试图解释他们为什么这样做的解释性理论。这与过自己的生活并在世界之中与世界一道好好生活的第一人称挑战完全不同。认真地说，为了解释什么东西激发了人类行为，我不觉得“能力、相关性和自主权”（Ryan & Deci，2017）与“性、毒品和摇滚”有什么不同。可是，在面对这些选项时，我们可能做出的选择当然是完全不同的（生存）问题了。

② 如果它是任何正规教育的一部分，那么它首先是一种生存教育（尤其参看 Sæverot，2012）。

你决定如何处理它”。这并不是说主体化与责任无关，而是说要牢记二者之间关系的不同[①]，同时也是为了避免误会，以为主体化就是完全、自动的积极和快乐。人类自由可以带来最美妙的东西，也可能带来我们所能想象到的最可怕之事。与自身自由的相遇，可能美妙，也可能困难重重。

根据伊曼纽尔·列维纳斯（Emmanuel Levinas）的看法，责任不是我们的选择，而是我们的相遇之事。正是在这样的相遇中，当某项责任降临到我身上时，可以说我的主体属性、我作为主体的生存才真正开始变得重要或开始发挥作用。齐格蒙特·鲍曼（Zygmunt Bauman）所谓“责任是自我的首要现实”（Bauman，1993，p.11），出色地捕捉到了这一点。简单来说，这意味着自我不是先行生存，然后再决定是否愿意承担责任。实际上，正是在承担责任的情况下，整个自我、“我”的问题才开始变得重要，因为责任总在召唤*我*。我是不是对我的相遇负责（这是从鲍曼那里得到的又一个有用的表述，参看 Bauman，1998），或我是否放弃这种责任，一切都取决于我。那是在行使我的自由，是我作为主体生存的事件。因此，与责任的相遇成为我遇见自身自由的“时刻”，是我的一种独特的作为主体的生存，这意味着由我来决定要做什么，意味着没有人可以替代我。这是一种不可替代的独特性。我发现自己面对的是这样一种情况，由我自己决定什么是他人无法替代的。这与作为身份现象特点的“唯一性即差异”的思想非常不同（参看 Biesta，2017a，Chapter 1）。再说一遍：“差异”，是从外部来解释和观看的，“不可替代性”是在“我”走上前台时*我*所遇见的。

教育的风险，以及为何它是美好的 55

我已经对主体化领域给予了相当多的关注，不但因为它是三个领域中最困难的一个，而且因为它可能是三者当中最容易被误解的。我同样倾向于认为，它是三个领域中最重要的一个。这不是因为知识、技能、文化、

① 另请参阅我在上一章末尾对作为道德教育的对象和作为道德行动之主体的区分。

价值观和传统不重要，而是因为只有当主体化进入视野时，我们才真正进入了教育领域。当主体化完全失去空间时，我们就仍旧处于训练领域。杜威（Dewey，1985［1916］，Chapter 2）表述得很清楚，训练是我们*对*某人所行之事，而教育总是与某人一起发生的事。或者如我所说：我们训练对象，我们教育主体。因此，让我以一些关于教育的进一步观察来作为结论吧。更具体地说，这就是教育者的角色和地位问题。在这里，我会回到《教育的美好风险》（Biesta，2014a）中提出的一个观点，即教育总是包含风险，或者说，教育实际上会包含多种风险。那么，这些风险是什么？为什么可以说它们是“美好的”？

一方面，教育风险简单明了。作为教育者，我们带有某些意图，比如为学生提供知识、技能、理解、价值观、态度、行事方式和存在方式。在这里，重要的是学生能“正确”“获取”这些东西。但是，绝不能认为这是理所当然的。在这方面，作为教育者的我们持有之意图，总包含失败的风险。当然，我们作为教育者的大部分工作，都是为了让学生更接近“正确”，让他们获得正确的知识和理解、正确的价值观和态度等。但是，作为教育者，我们无法替代他们“正确”。我们作为教育者所做的工作，与学生能够从中获得的东西之间存在根本差异。原因在于，“接受”是学生的工作。庞格将其称为“教育性差异”（die pädagogische Differenz），我会在第六章更详细地讨论他的想法（参看 Prange，2012a）。

当今很大一部分教育研究和教育政策旨在降低风险。在某种程度上这是完全合理的，因为确保学生正确获取的确很重要。但是，这种降低风险的追求，存在一个临界点。越过这个点，教育就会完全成为再生产、成为完美的灌输了，届时学生不再有机会作为主体生存，因为他们已经完全被对象化了。这隶属于一个更“大”的问题，即学生是否有空间在教育情境和教育环境中生存。这也是一个非常实际的问题，即教育还应该提供空间，让学生可以进行意义建构（教师无法替学生做到这一点），可以探索未知。如果能在课的一开始就说清楚学生会经历什么、遭遇什么、实现什么，那么教师就有可能只是在完全无视学生的情况下去教。要知道，好的和有意义的资格化和社会化，也需要为这种风险保留空间。因为，没有这样的风险，学生也就没有空间了。

一旦我们将主体化维度添加进来，事情就会显得更加清楚了。学生的主体属性不是有待克服的问题（比如行为管理或尝试让教育“干预”百分之百奏效），而是我们教育工作的重点和目的所在。从主体化的角度看，我们希望学生可以走自己的路，我们希望他们可以拥有自由，并以一种成熟的方式来“拥有”它。这意味着他们选择走的方向，可能与我们的设想非常不同，甚至是对我们可能为他们设计之未来的明确拒绝。这种风险在教育中也存在。正如克劳斯·莫伦豪尔（Mollenhauer，1972，p.15）所说，我们要注意，我们作为教育者的意图是残缺的。这不是偶然才出现的遗憾，而是结构性的破损。

因此，这些风险对于教育来说就是适宜的。如果认真对待资格化、社会化和主体化的广泛职责，如果承认学生是且应当成为自身生活的主体，而不仅仅是效果各异之教育“干预”的对象，那么这种风险就必定隶属于教育。允许这些风险，意味着教育在实现某些预定目标方面会变得不那么有效。正是在这个意义上，这些风险不是生产型风险。我也不愿称它们为“好”风险，因为这会让讨论过度转向对学生主体属性的（道德）判断。相反，正因为有这样的风险，学生才可以在教育环境和教育关系中作为主体出现。正因为学生作为主体的形象受到了威胁，所以才需要这么一个美学术语。

然而，不只是作为教育者的我们才会面临风险。作为教育者，我们也在这个过程中历险，这是教育的第三项（美好）风险。我们在教育中历险的原因，与一个简单的事实有关。正如我在第一章已经提过的那样，教育的“到来”总是被学生视为一种权力运作，一种不请自来、不受欢迎和没来由的“干预”，尽管这种干预往往出于善意。我们不应掩盖这一事实，说教师“只是”一位促进者、一名教练、一个学习伙伴，甚至“只是”朋友。可以说，我们是在教当中给学生提供他们没有要求的东西。（我会在下一章回到这一点上来。）尽管一开始做不到，但是我们仍旧希望学生会在某一天转回头来说，我们要给他们的东西事实上都非常有帮助、有意义。在那一刻，权力的单向行使转变成了某种权威关系。在其中，外部干预得到了学生的*授权*，被“允许”成为发起者，被“允许”言说和发声。

57 在教育中我们总是面临风险，而且永远不知道这种风险能否“解决”，其成因正在于此。学生毕竟有可能不“归还”我们的礼物，也可能只是短期内不这样做，但是会在未来的某个很晚的时刻才意识到。最初作为扰动出现的东西，事实上是有意义、有帮助的，甚至还是十分重要的，等等。但是，我们的权力行为仍然“未消解”，仍然有可能没有“回报”。作为教育者，我们乐意承担这样的风险，因为正是这种风险与学生的自由息息相关。

第五章　学习化、给予与教之礼物

第一章已做过说明，我把“教育”用作动词，用来指称教育者从事的 58
那些事。正如我强调的那样，这也包括“刻意不作为”这个类别，也就是我们出于善意的、教育性的原因，决心不行动、不干涉、不说话、不“揭人伤疤”等等。因此，我是从教育者的角度来观看教育的，尝试通过“我们”要对“儿童”做什么的角度来把握这个问题。在迄今为止的章节中，我提出并表明，教育者对“儿童”做的教育性工作，关切的是儿童作为自身生活主体的那种生存。教育者的教育性工作，因此指向的是受教育者的自由。请记住，这不是随心所欲的那种自由，而是在世界之中、与世界共存的成长的自由。

这里有教育性工作，因为这种自由并非理所当然。这正是卢梭的一项永远有意义的洞察。卢梭认为，我们的自由会不断受到威胁，威胁既来自“外部”（所有渴望接管我们生存的社会力量）也来自“内部”（正如梅里厄所说的那样，“幼稚”的冲动会困扰我们一生）。教育者的一部分工作（甚至所有工作都有可能会归结于此），就是为新生代在长大成人方面提供“公平的机会”。我之所以如此表达，原因正在于此。这里牵连的是儿童或学生的自由，即他们作为主体的生存，所以教育性工作仍然面临风险。这不仅因为它永远不能作为一种控制形式，而且正如我在第四章讨论过的那样，作为教育者的我们在这项工作中总是冒有风险。

我从一个特定角度（把教育作为“动词”）、特定兴趣（关注我们所
教之人能否以成熟的、作为主体的方式生存）出发来理解教育，这一事 59
实可以解释我为什么没有聚焦于学生及其学习。这不是因为我认为学生不重要，也不是因为我否认学习的存在（尽管我仍然担心学习一词的那些

极其肤浅的用法)，而是因为教育工作不能通过学生及其学习来还原或理解。在此，不仅在“教”和“学”之间（庞格指出，教并不决定学；参看 Prange，2012a)，而且在作为动词的教育与“学生的学习”[①]之间，在话语、实践和现实三个方面都存在额外的“教育性差异”。[②]

然而，这并不意味着截至目前所讨论的内容对学生没有影响，或从学生的角度看不会造成任何差别。在早先的作品中，我区分了“向某某学”和“由某某教”，尝试以此来阐明这一点（参看 Biesta，2013b)。虽然我们可以通过观察、倾听、模仿他人学到很多，但这始终还是我们自己的活动。当然，这并没有什么错。我们可以说，这正是建构主义的真理，无论这种建构主义是“激进的”(von Glasersfeld，1995）还是不激进的。“由某某教”提示了不同的方向，并揭露了“建构隐喻”的局限性（参看 Roth，2011；我会在第七章回到这点)。“由某某教”，恰恰*不是*我想就（或从）外在于我的世界学到什么，也*不是*我如何建构意义、如何对外界形成一定程度的理解。

---

① 在《把教从学中解放出来》(Biesta，2015b；另见 Biesta，2017a，Chapter 2）当中，我提出学生的工作（远）不只是学，甚至还有一些与学无关的重要“工作”。我稍后会回到这一点上来。

② “teaching”通常译作“教学”，但是在比斯塔的语境下，需要有不同的译法。在他的论证当中，“teaching”包含某种由外部降临到学生身上的东西。如果这个外部不只是教师，还包括他人和世界（包括非生物）的话，那么这种对于“teaching”的理解，就形成了一个双向通道的教育图景：一是学生对外界的认知，二是外界对学生的给予。前一个方向，我们都很熟悉，比如比斯塔在书中讨论的建构主义就是一例。后一个方向，是比斯塔在“主体化”这个话题下要强调的，也是包括本书在内的“五部曲”的一个关键词。他在讨论“teaching”时，总是会强调后一个方向及其面临的危机，担心受教育者对来自他人和世界的声音听而不闻。(“视而不见、听而不闻”这两个中文成语，以言简意赅的方式，概括了比斯塔关于“声音”的那部分内容。）因此，在比斯塔的语境下，“teaching”不是教学相长或诸如此类意义上的日常“教学”概念，而实在是一个有明确行动取向、有强烈个人特质的规划型定义。他的“teaching”正是本书第一章所谓“我们要对儿童做什么”，是降临到儿童身上的那个部分，只谈论教师的教，不谈论儿童的学。(把“教授”改称“教学”，是陶行知、俞子夷等人在民国早期倡议的结果。这种倡议的理由，恰恰包含了对于教学相长之意的强调。他们的倡议，恰恰是想用“教学”这个中文词同时兼顾“教”与“学”这两个方面。）总而言之，要把比斯塔所谓“teaching”与一般所谓“教学”区分开来。在本书当中，我尝试将“teaching”译为“教”，以体现这一关键区分。不过，在一些未用作术语的场合，我也可能出于文通句顺方面的考虑，继续把“teaching”译为“教学”。

另外。“学”与“学习”在中文里的意义也有所不同。“学习”是“学”与“习”的复合词。中国古人把“学”与“习”看作两个“段落”，按古人的看法，今天的很多基于书本的学习只有“学”而没有“习”。因为本书重点不在分析“学习”这个概念，所以在译文中不对“学”与“习”做区分。——译者注

“由某某教”关注的是来到我身上的东西、被给予我的东西、伴随我而来的东西，这与我在寻找什么无关，与我想要什么、希望什么无关。这意味着，它总是某种扰动。这种扰动未必是坏事。这首先是一项生活事实，尽管它也有可能让人感到不便。

我在《重新发现教》（Biesta，2017a）中提出的主张，在我的小书《让艺术去教》（*Letting Art Teach*）（Biesta，2017c）当中得到了更详细的阐述。这个主张更加宏大，即我们可能已经失去了对于第二个方向的“渴望”，或像我在别处所说的，失去了对于超验性的“渴望”（Biesta，2015c；另见Biesta，2017d）。这是理论和哲学层面的状况，借此我们试图理解人所处的境况，试图理解我们在世界之中的存在。在教育理论和教育实践层面也是如此，教育在很多方面已经完全以学生和学习者为中心了。冲动社会是另一个重要表现，我们似乎很难不把自己和自己的欲望置于中心。

本章想进一步研究这里的某些问题。为此，我一方面会重新审视自己过去对于教育“学习化”表达过的担忧，另一方面则会详细研究如何把教理解为一种从“外部”到来的“礼物”，也就是从“被教”的经验出发来看待教。除此之外，本章也提供了有关“给予”观念及其可能的更为基础 60
的哲学讨论。

在早先的作品中（尤其是Biesta，2017a，Chapter 3），我表达过对于所谓“解释学世界观”的关切。我把这个概念作为一种思想的简称，即我们与世界的关系首先并且主要是感知和理解。这是一种从自身到世界的姿态。比如，有人会说人是“构造意义的动物”（Glaser，1998，p.32；更细致的论证参看Burke，1966）。本章对“给予”概念的探索，会更积极地考虑相反方向“姿态”的可能性。我会表明，为什么要给这种“姿态”留下一席之地，以及我们的这种尝试有可能遇到什么困难。通过这一切，我希望为这样一个事实赋予更多意义：在教当中，某些东西是的确在被给予的，尽管未必是教师在控制着这一切（参看Biesta，2019e）。因此，把所有教育事务归结为学是成问题的。我也会提供额外的支持，来表明“被教”的可能性确实揭示了人类状况的独特之处。

再论学习化

大约在10年前，在我创造“学习化”这个词时（参看 Biesta，2009），它首先是为了表示“新的学习语言”之兴起对教育话语和实践造成的问题性影响。我当时主要关注的是，诸如“学习者”“学习环境”“学习促进者”“终身学习”等概念，取代了更古老的“学生”“学校”“教学”“成人教育”等。前者都从学习角度来谈论教育，不过问这些学习*关于什么*，以及更重要的*为了什么*学习。这些谈论教育的方式对于教育目的缺乏细致考量，有的只是一些空洞的陈述，比如教育要实现“学习”或教育要有高效率的“学习产出”。这一点尤其让我感到担忧。这促使我提出，教育应该始终关注并面向三个目标领域，也就是在前一章已经详细探讨过的资格化、社会化以及主体化。

我想说，10年过去了，学习化依旧坚挺。① 关于学习的讨论，在教育界盛行如故。“深度学习”“基于脑的学习”“机器学习”等新表达方式，已经进入了教育对话。政策制定者仍在提出一些吸引眼球、但在我看来完全不可理喻的表达，比如：学校“每年都要为每一名学生提供至少一年的学习增值”（Department of Education and Training，2018，p.x；另见 Allen，
61 Rowan & Singh，2018 提供的批判性讨论）。虽然有证据表明，人们对教育目的问题越来越感兴趣（比如，参看 Hattie & Nepper Larsen，2020），但是大部分可以在政策、研究以及实践中找得到的做法，还是在一根筋地关注学习。这与全球教育测量业倡导之框架的主导地位不无关联。因此，继续进行关于教育目的的讨论依然很重要。

与最初使用这个词的时候相比，学习化还出现了另一个在当时并不突出的维度。为了完全把握这一点，也着实让我耗费了一些时间（首次表达，参看 Biesta，2015b）。这里的关键想法是，教以及更一般的全部教

① 这个术语似乎已经传播开来。迄今为止，在谷歌（Google）可以检索到接近9000个条目，在谷歌学术搜索（Google Scholar）中有大约1000个条目（2021年1月1日访问）。

育努力不一定会*导致*学，这就意味着教不一定*以学为目标*。认为教不只是学的主要理由，和说教育不只是学习、*生活*不只是学习一样。就像我在第三章展示的那样，帕克斯和艾希曼都学过，他们的差异在于如何对待自己所学。换句话说，他们的不同之处在于，如何将各自的“我”与所学的一切联系起来。因此，与本纳（Benner，2020）的提议不同，教育性的“Aufforderung”（召唤）① 应该直指“我”的问题，即我将如何对待自己所学的一切（尤其是在那些关键时刻），而并非针对学习问题。换言之，教育性的“Aufforderung”就是要成为一个“*我*”，而不是成为一个学习者。我为什么会认为要从学当中“解放”教，关键原因就在于此（Biesta，2015b）。这样，超越学习（Biesta，2006a）的其他“生存可能性”（Biesta，2015b）才可能进入视野、发挥作用。

在持分析传统的美国教育哲学家那里，我发现了探索学习化问题的有用建议。有趣的是，这项工作在很大程度上早于新学习语言的兴起（比如，参看 Fenstermacher，1986；也参看 Biesta & Stengel，2016）。其中，最明确者当属保罗·科米萨（Paul Komisar）的立场，他认为“学习不是‘教师’意图产生的东西”（Komisar，1968，p.183；另见 Komisar，1965）。他指出，教的意图可以靠“*能成功意识到（教学）行为意义*”的“旁人”（不是学习者、学生）的“意识”来捕捉（Komisar，1968，p.191；强调依原文）。这种措辞的好处在于，把学生之“我”纳入了整体图景之中。试图了解教之要点的人，总归不能是教的被动接受者，或课程内容的顺从复制者。另一个好处是，它表明教之“要点”可能涵盖相当广泛的选择，学只是其中的一种可能性，既不独占也不唯一。

如前所述，在教与学之间拉开距离的一个重要原因在于，*生活*远远不只是学习。换句话说，尽管一些学习理论家似乎有这样那样的说法，但是学习既没有定义也无法穷尽在世界之中、与世界共存的意义。毋宁说，有一系列“生存可能”（Biesta，2015b）、生存挑战，学习只是其中之一。教 62

① 参看本书第 41 页有关“对自我行动的召唤”的讨论。——译者注

育的任务是向学生开放这个范围，而不仅仅是为他们提供“学习者”这一种立场和身份（另见 Biesta，2010c）。这里的要点不只是生存上的，不只关于我们如何理解自身作为人类的生存，以及我们如何在教育中应用这种理解。这里的要点同时也是具有高度政治性的，尤其是在针对政策制定者、政界人士、全球教育测量业以及诸如“21 世纪技能合作组织”等游说团体的回应上——他们强迫人进入“学习岗位”，最明显的是要求人成为*终身*学习者（参看 Biesta，2018b）。

正是在这种背景下，我近年来开始为重新发现教提出明确的理由，我也将其视为对于教的恢复（Biesta，2017a）。一方面，这是为了恢复教在教育工作中的适当位置，是为了让教回归教育（Biesta，2012），而不是把教视为过时的、属于过去的东西，以至于我们会不好意思去作为教育者。另一方面，这是为了强调，教育的与众不同之处*不是*学习现象，毕竟学也有可能发生在教育以外，可能在没有教的情况下发生。教育的真正殊异之处，恰恰在于教的出现，在于与教的相遇。对于教育来说，如果学是*偶然*，那么我要说，教才是*必然*。（教是什么、教可能或应该如何实施的问题仍旧要仔细斟酌，以免陷入把教当成［单向］教授或把教视作［威权］控制的狭隘、幼稚的观念。）

学总是源于学习者，也就是来源于寻求知识、技能和理解的那个人。这个人把自然世界和社会世界视为可以实现学的“资源”，这有点像觅食。教的运作方向与此相反，因为教是从“他处”降临到学生这里的。这里的“他处”是什么，这个问题要进一步考虑，因为教师未必就是教的源头（另见 Biesta，2019e）。在早先的作品（Biesta，2013b）中，我从教的*礼物*这一角度探索了这些机制。

与此相关的一个持续挑战是，我们如何才能理解（用更一般的术语说）教之*给予*。本章要讨论的正是这一挑战。这里的特殊困难在于，只要我们认为是由自己来*理解*这种给予，我们就还没有足够认真地对待这个概念。在理解给予时，会有试图将其“包含”在我们自己理解范围以内的风
63 险，而这恰恰与“给予”无关。在我看来，一位成功突破了此类困境的作

者，是法国哲学家马里翁。[①] 在下一节当中，我将讨论其关于“给予”的若干观点，以便将这些观点与教之给予和礼物联系起来。[②]

被 给 予

在过去 40 年里，马里翁在多个领域做出了重要贡献，包括哲学史、神学和现象学。他在这三个领域的作品，彼此之间有明显的联系。即使只是对马里翁有关现象学的贡献做一点整理，也会远远超出本章的篇幅。这些工作主要体现在三本书以及其他许多出版物当中（尤其是 Marion，1998，2002a，2002b，2011，2016）。因此，我会采取更为谦虚的做法，仅仅讨论马里翁作品中的某一个主题，然后利用这一特殊“入口”，阐明“给予性”现象。对马里翁来说，这个“入口”与现象的给予性有关。

探索给予

“给予”是马里翁作品的中心主题之一。他一直在追问的是，我们是否以及如何才能理解给予（如果选择“是”的话）。如前所述，要牢记“给予”的全部意义，并不源于我们的意义建构行为，甚至不依赖于我们的意义建构行为，这是因为给予是被*给予*而并非被选择。第一，这已经表明马里翁的问题具有*认识论维度*。因为这提出了一个问题，即知识是否以及知识在何种程度上是由我们建构或被给予我们的。第二，马里翁的问题也具有*神学维度*，这在他的作品中也很突出。简言之，“给予”问题与启

---

① 马里翁著作已有若干中译本。其中，关于本书讨论的“给予”，目前有的中译本是：马里翁．还原与给予：胡塞尔、海德格尔与现象学研究 [M]. 方向红，译．上海：上海译文出版社，2009.——译者注

② 我是教育知识的完整性和独立性的坚定捍卫者。而且，我会抵制并且已经抵制了（参看 Biesta，2014d）把教育视为一个应用哲学领域的想法。这也是我更喜欢用“教育理论”而不是“教育哲学”的原因，尽管我了解后一个短语的历史。当然，这并不意味着教育和哲学不能对话。正是出于这个原因，我才转向马里翁的作品。我希望读者能够理解我对一些哲学讨论的看法，这些讨论与我在本书当中要做的事情高度相关。

示是否可能的问题有关。[①] 或者说，由“超越”处来到我们眼前的一切，是否正是我们自己以某种方式制造出来的，或者至少需要我们自己的理解、领会。第三，这表明马里翁的问题也让我们进入了*诠释学*领域，特别是人类是否首先是一个解释性存在的问题。比如，人类是不是一种创造意义的动物（格拉泽），或是不是一种“符号应用、符号创造和符号误用的动物”（Burke，1966，p.6），或有没有一些东西先于并必定先于我们的意义创造行为。第四，这意味着马里翁的问题也是*现象学*问题，要从埃德蒙·胡塞尔（Edmund Husserl）回到“事物本身”的野望开始，而不是从我们对于这些事物的解释出发。这同时就提出了当前*这个“我”的问题*，这是马里翁追求的第五个维度。简言之，这个问题就是：是否一切都从“我”开始，抑或有什么东西先于这个“我”。

64 我们不得不佩服马里翁处理这一系列问题的抱负，因为仅仅是初步尝试解开其所包含的维度，就已经可以看到自己正涉入现代哲学的重大问题，甚至有可能是哲学本身的重大问题核心。此外，这些问题不仅仅是哲学性的，它们不仅仅是哲学问题，还涉及人类生存本身的重大问题。因此，从某种意义上说，它们是所有时代共有的问题。然而，它们也涉及当前时代的重大问题。它们与新自由主义对话，询问我是不是世界的中心，世界是不是就在那里，等待我去征服、掌握和消费。这意味着，马里翁的问题既涉及生态危机，也涉及民主危机。

马里翁的问题还追问，宗教世界观、对于超越的“信仰”是不是一种过时了的迷信，是不是在现代世界中不再有其位置，或与超越之相遇是不是比许多人想象的要更加难以忽略（另见 Biesta，2017d）。这是“后世俗主义”的问题（Habermas，2008，2010；另见 Biesta & Hannam，2019）。从教育角度看，马里翁的“干预”很重要，因为它追问的是*教是否真有可*

① 马里翁不仅预料到讨论启示的可能性本身会遭遇阻力，有趣的是，他还提出这种阻力在某种意义上是启示不可避免的一个部分。如他所言：“对于启示概念的（一种）正确理解，必须说明它难免会遭遇的那些阻力。诚然，这种阻力不足以表明启示的真实性，但是毫无抗拒的接受也足以取消其作为启示的资格。”（Marion，2016，p.2）

能，或把一切教育归结为学习是否不可避免。换句话说，它问的是“向某某学”和“由某某教”之间的区分有没有意义。

马里翁原理

关于给予思想，马里翁提供的最简短表述之一是下面这条原理。他略显犹豫地称其为，“所有显示自身的东西都必须首先给予自身”（Marion，2011，p.19）。[①] 这句话包含一个重要的认识论观点，表明在任何有意的认识“行为”发生*以前*，必定有某些东西已经把自身给予认识者了（另见Roth，2011）。当然，别的问题依然存在，比如关于据称的“认识者”位置，我们能否假设认识者在某物“到达”以前就已经“在那里”了（马里翁否认这一选择，详情如下）。马里翁强调，他的原理并不对给予的*内容*感兴趣，而是对“给予”的*方式*感兴趣。换句话说，马里翁的兴趣在于，“作为*一种现象性模式*、作为现象的*方式或样态*的给予”（Marion，2011，p.19；强调依原文）。他解释说，这无关于“直接的给予、感知的内容或意识的生动体验，简言之，无关于给予之物，而是这些东西被*给予的*现象学风格”（Marion，2011，p.19；强调依原文）。换句话说，马里翁试图弄清楚“给予”是什么，而不关心给予了*什么*。

用更具哲学意味的术语来说，这意味着马里翁追求的是给予现象的*现象学*，而不是给予的本体论或形上学（另见Marion，2011，p.20）。给予的本体论或形上学，将试图表明给予内容的确切属性，并试图说明是什么 65
给予了这些“内容”。换句话说，这是尝试给出“场景”前后的“全貌”。如前所述，这种野望的问题在于，它试图“超越”给予本身，结果就不再是对于给予的说明了。此外，试图绕到“给予”现象背后，也否定了能显示的东西必定先已给予自身的思想。在某种意义上，这会*否定*给予本身。这就是给予需要一种现象学的原因所在。

① 在这句话之后的括号内，马里翁继续写道：“尽管所有东西都给予自身，但是都不会毫无保留地显示自身。”（Marion，2011，p.19）

马里翁作品激动人心的地方在于，他以极其一致的方式完成了自己的议题。初看起来，这通常会带来一些有违直觉的陈述和结论，而这恰恰可以说是马里翁尝试的重点。他在暴露我们的直觉，在某种意义上也是在测试我们的直觉。马里翁的部分论证路线，挑战了一种认识论假设，即认为一切显示自身的事物，都在向先已存在的意识展示自身。不难看出，在这样一种观点下，给予自身之物开始消失。因为，它的展现、给予，都取决于一个认识者的意识活动。这是康德式的知识观。它确切的开端，在于一个“先于”世界出现的“超验自我”，把现象当成了根据经验条件出现的对象（参看 Marion，2016，p.47）。[①]

这就是马里翁会认为，认真对待给予意味着我们必须假设（用“接受”或许更妥帖）现象“出于自身、就其自身来显示自身”（Marion，2016，p.48）的原因，这也意味着现象“从自身出发给予自身”（Marion，2016，p.48），现象不是被给予或假定由某物、某人给予的。换句话说，认真对待“给予”，意味着我们不假设有某个“子虚乌有的大给予者”，认为这是所有被给予之物的总因。这个问题与某种上帝概念有关，同时也与某种教师概念有关。换言之，马里翁在这里挑战的是把上帝当作万物第一因的观念，正如他也挑战了教师“掌控”一切的观念，更具体地说是教师作为“学习”之因的观念。

第三次还原

马里翁将其努力放在现象学的哲学传统内。正如他解释的那样，“在其最激进的野望中，以现象学形式出现的哲学，除了这个目标之外别无其余：允许现象从自身之中拓宽自身，从自身之中显示自身”（Marion，

① 下面这句话不仅显示了马里翁工作中的反康德倾向，而且给出了该“计划”的一个重要原因：对于康德来说，现象本身是不可显现的。马里翁写道：“让现象依其自身、从其自身显现，在原则上需要废除康德式的禁令，即在事物未出现的情况下将物自体保留给事物本身。为此，这种显现不能依赖于陌生经验的可能性条件，即超验自我的经验。它是从其自身，并且只是从其自身获得显现。因此，显现必须从其自身发生。一言以蔽之，它必须把自身给出来。”（Marion，2016，p.48；强调依原文）

2016，p.48）。或用胡塞尔的话来说："回到事物本身！"与此相关，出现了马里翁作品的第二个原创主题，它与"还原"在现象学中的位置有关。马里翁认为，现象学需要"第三次"还原。这不只是*对象*的还原（胡塞尔），或对象之*存在*的还原（海德格尔），而且是给予性*本身*的还原。正如 66
马里翁所解释的那样，还原"包括不把我感知的一切视为理所当然，包括不以相同程度的证据以及随之而来的同等确定性来接受发生在我身上的一切，而是在每一个具体情况下去质疑实际给予的东西，以便把给予的东西与间接获取的东西区分开来，比如仅仅是拼凑的、推断的或以迂回方式获得的东西"（Marion，2017，pp.72—73）。

这种野望是胡塞尔（重新）转向事物本身的核心，也是海德格尔试图阐明事物与其存在（"存在者"及其"存在"）之间差异的核心。不过，马里翁的主要观点是，胡塞尔和海德格尔对于给予的还原在某种意义上说还远远不够。（这在某次讨论当中呈现了，比我在这里可以报告的要复杂得多。）关于胡塞尔，马里翁写道：胡塞尔"看到了给予"，并且"看到了一个人只能通过还原来达到给予，但在很大程度上胡塞尔停在这样一种假设之上，即给予是对象性问题，是一个有关对象的理论问题"（Marion，2017，p.77）。马里翁因此认为，胡塞尔"停在"对象上，正如海德格尔"停在"对象之存在上一样。然而，对于马里翁来说，"对象性（胡塞尔）和存在性（海德格尔）只是特定的（但肯定不是最合理的）命名给予的可能案例"（Marion，2017，p.78）。因此，需要"第三种更原始的还原……即对于给予性的还原"（Marion，2017，p.79）。①

对于事物的两种态度

关于马里翁有关给予的现象学，本章没有足够篇幅做更详细的讨论。但是，在结束这一节之前，我想多谈一谈在更实际或更日常的语言中与给

① 马里翁并不认为胡塞尔和海德格尔完全没有注意到这一点。马里翁认为，胡塞尔在某些方面已经比海德格尔走得更远了。马里翁还坦诚地承认，他是在有过相关的写作之后，才发现了海德格尔的早期作品（尤其是海德格尔 1919 年关于给予和"es gibt"的文章）（尤其要参看 Marion，2011）。

予现象的相遇，这也是为了引出关于“我”的问题的一些影响。所有这一切同时也是重要的“基础性工作”，可以用于接下来对于教的探索。因为，教这个概念的可能性或我们可以开始说“教之*现象*的可能性”，在某种程度上取决于对如下问题的回答：给予是否可以独立存在，或给予是否仍然依赖于自我的认知行为。这里讨论的教，不能被还原为学，但是以*其*自身的方式、基于自身的处境来说教是可能的。同样的问题是，“向某某学”和“由某某教”之间的区分是否有意义。那么，我们如何才能“理解”（早先提及的告诫）此处正在发生的一切？尤其是，完全认真地对待“给予”，对于我来说意味着什么？

与此相关的思路与马里翁的提议有关，即我们对于事物有两种“态度”。[1] 第一种态度是“最普遍的态度，是我们受到训练的态度”（Marion，2017，p.83），它“减少周遭一切令我们感到惊异的可能；于是，我们不断
67 学习如何更好地控制它们”（Marion，2017，p.83）。马里翁写道，在这种态度当中，“我们真正依靠的是自己能预测情况和事件，能够反应、控制、纠正和保护”（Marion，2017，p.83）。这是这样一个世界，我们发现自己被对象包围着，“这些对象本质上是功能性的，因为它们的目的和设计都是为了对我们有利”（Marion，2017，p.83）。这样做使“我们位居核心”（Marion，2017，p.83）。

通过这种态度，“我们生活在一个自己组织起来的世界之中。在一个准主人和自然所有者的控制之下，我们只保留那些可以成为对象的东西，只保留那些我们可以理解的东西”（Marion，2017，p.83）。这样，我们就建构了一个“对象化”的、排除了风险的世界。马里翁问道，“如果不远离意外情况”，不远离那些“无法成为对象，在其面前人无法保护自己［的情况］”（Marion，2017，p.83），那么“排除风险是什么意思”？虽然这一切都有助于提前思考，也就是说有利于可预期之事，但是马里翁却认为，“这种理性……并不想要其余的任何东西，［而是］只保留了人们可以

[1] 马里翁将讨论重点放在对象上，但是不难看出，他的区分简单来说也与我们对其他主体的态度有关。

称为对象的这层现实”（Marion，2017，p.84）。

对象只提供了“非常表面和肤浅的一层东西。它把无法预见、无法料想的一切，也就是人们所说的不可知的一切，统统抛在了一边”（Marion，2017，p.84）。然而，正是在这里，“给予得以显现，因为它代表了事物中*抵制*对象化的东西，并且是自发地给予自身”（Marion，2017，p.84；强调后加）。因此，马里翁补充说，我们的任务不是去寻找给予。更确切地说，“在给予当中，在那些并非作为对象来给予自身的现象当中（……）有某个时间、某个地点，自我完全了解如何让自己被发现、放弃做决定”（Marion，2017，p.85）。

在这里，自我离开了中心位置，如马里翁所说，“服从事件，观看而非预知”。这种“观看而非预知”与看到对象恰恰相反。因此，我们遭遇了一次与世界的对象化关系的逆转。统治世界的不再是我们。相反的，“在给予的情况下，我们发现自己被事物指挥，被召唤来体验它”（Marion，2017，p.85）。我们也可以说自己被惊异到了，字面意思就是“被抓住了”。[①] 马里翁把圣三一修道院回廊里的一幅画当作实例。那里有一个秘密位置，必须身处其中才能看得到这幅画。马里翁解释说，这个位置“由画作本身决定，而不是由观众决定”，因此“观众必须服从画作才能看到它”。（Marion，2017，pp.84—85）马里翁把这里的关键原理称为“透视影像”[②]，

---

① 我将在第七章回到这一点。另参看《让艺术去教》（Biesta，2017c）的最后一章。

② “anamorphosis”是一种装置艺术形式。观看者要从某个特定观看角度出发，才能凭借立体透视看到一个有意义的图像；如果从别的角度去看，就完全看不出这个图像，只能看到一堆散乱的堆砌物。我儿时用过一种塑料尺子，从两个不同角度去看，就可以看到两种不一样的图案。这是一种光栅画。当年的小朋友们会模仿其原理，在书页边缘的同一个位置制作出自己的光栅画。光栅画与“anamorphosis”不尽相同，但这是更日常、更容易理解的一个强调特定视角的例子。

比斯塔在此处援引马里翁的“anamorphosis”概念，正是为了强调特定视角，进而将其作为世界对观看者提出要求的一个实例。我想补充的是：在观看光栅画以及“anamorphosis”艺术品时，一方面要面对世界对观看者提出的要求，另一方也需要观看者视错觉的介入——最终被看到的图像，是在观看者那里凭借透视拼合成的一个图像。比斯塔接下来会援引马里翁对于“被动性”概念的补充，强调在世界向我提出要求之时我并不只是保持被动。那么，“观看者视错觉的介入”，可以作为在“被动性”以外的一个扩充吗？如果视错觉本身是一个自动完成的过程，马里翁的分析还可以成立吗？

“anamorphosis”目前尚无公认为妥帖的中文译名。在本书中，我权且将其译为“透视影像”，以体现这类艺术形式在被理论化以后，可以传达的两项比喻义：（1）“特定视角”，即世界对我提出的要求；（2）“观看者视错觉的介入”，即我的响应。（关于后一个方面，比斯塔会在第七章就罗斯的“易感能力”概念继续做讨论。）——译者注

可以说这一原理正体现了“向某某学”（“我”把世界视为对象）与“由某某教”之间的区别（“我”不仅仅是主体，更准确地说是“主体化”了，这个我会正视自己的主体属性）。

68 如此构想的“给予”，可能暗示它需要自我方面的被动接受。但是，马里翁强调，“被动性”这个词之所以还不能让人满意，正是“因为我不能在事件面前保持被动：我准备好或是躲避开，我冒险或是逃离，简而言之我仍然在做决定，我甚至会以拒绝的方式来作为回应”（Marion，2017，p.85）。这意味着为了在这样的遭遇中“变得被动”，也“需要某些类型的活动；一个人必须凭借一定的勇气，才会让自己暴露在事物面前”（Marion，2017，pp.85—86）；用教育的语言来说，一个人必须*允许自己被教*。

正如马里翁所说，所有这一切都开启了“一种不同的现象性体制，来强加于不同的主体性体制之上”。在这里，主体在空间和时间上，不再*先于*世界、*先于*现象，而毋宁说是“从接受之物中接受自身”（Marion，2017，p.86）。对于主体性的不同“地位”，对于“我”的不同“地位”，马里翁使用的词在法语中是“adonné”，译成英语通常是“天分”。它与双重含义之“主体”一词的第二部分遥相呼应，是人会受降临之物影响的那种状况。

暴露

前述内容表明，马里翁试图以自己的方式来“思考”给予。不过，我们现在也许可以说：马里翁试图将自己暴露于给予，并且鼓励我们也这么做。这不只是认识论问题，不只是现象学问题，尽管给予问题的确会以全新的方式来打开这些领域，但是它同时也是一个*生存*问题。这是一个关系到“我”之生存的问题，是马里翁之所以说下面这段话的原因：“如果发生在我身上的事，都是从他处给予我的，那一切就都会有不同的意义。”（Marion，2017，p.38）（我认为这段话非常优美。）这与“由某某教”的“经验”有关。与此同时，如果发生在我身上的，“是我自己的复制和我自己的产物，那么即使是最奇妙的事情也会失去其意义”（Marion，2017，p.38）。这与“向某某学”的“经验”有关。如果一个人认为世界“本质上是一种他律的经验，换言之是被选择的”，那么马里翁会认为，“一切都值得被生活、值得被期待、值得被渴望，一切都值得为之付出努力”（Marion，2017，p.38）。然而，马里翁完全意识到，在尝试回应召唤之前，“还有更困难的事，那就是……发现有召唤存在，也就是说，能够解读即将来到我们眼前的是什么”，并且“将事情看作召唤的决定，……决定了其余的一切”。（Marion，2017，p.39）

那么，这会如何帮助我们接近教育现象以及教在其中发挥的关键作用呢？在结论部分，我会通过考察给予在教当中以及作为教表现出来的三种方式，来思考这个问题。

教的三重礼物

69

我已经提到，把教界定为学之推进，是从教到学的更一般转变的一部分，也是教育持续学习化的一个实例。如前所述，从教到学的转变，本身并非毫无道理可言。这是对专制教育形式的一个反应，在其中教被当成了一种控制形式。实际上，周围仍然有大量类似的做法，包括那些更加温和的做法。从教到学的转变，也是对相当糟糕的、缺乏想象力的教育实践的一个反应。这些东西如今通常被称为“传统的”“说教的”或“传播式的”教学，尽管这三者在我看来的确是一些误导。从教到学的转变，受到建构主义学习理论以及教育的社会－文化方法的影响。这些理论认为，一切都要基于可能有的“脚手架”（这是另一个流行观念），并取决于“学习者”的活动。可以说，当今教育仍然带有显著的康德色彩，至少其认识论基础是如此，近年来的情况尤甚。

所有这一切都将“学习者”推到了教育工作的核心，并在无形中把教师弃诸边缘。教师成了教练、引导、同伴、朋友、批评者或其他别的角色，但独独不是教师。一方面，这给人一种印象，似乎教是过时的、不可取的。根据建构主义的“教义”，教甚至是不可能的，因此我们应该远离教。但是，从另一方面来看，这也引发了要求教师回归的呼声。它呼吁教师要*能够*掌控全部教育工作，比如，认为在实现高效学习产出方面，教师是最重要的“校内因素”。在这个说法当中，就可以发现这种呼声。（更详细的讨论，参看 Biesta，2017a）。这也可能是呼吁教师*要有能力*控制全部教育工作，这是在呼唤和渴求专制型教师的回归。

在本节，我想指出三种教的表现形式。它们都不容易处理，在其中我们都会遇到那些无法被简化为学的教育维度。尽管如此，教最终并没有成为一种专制的、单向控制的行为——既不是对学的控制，也不是对学生的控制。换句话说，它们在要求不同的方向，不是“向某某学”，而是“由某某教”。我将这些称为教的三重礼物：一与*课程*有关，二与*教授*有关，三与欧洲大陆术语中的所谓“教育学”（pedagogy，Pädagogik）有关，即主体属性教育的生存论领域。

70 教的礼物（一）：被给予未曾要求之物

在学习者中心教育中，我们听说教师工作应该聚焦于学习者及其学习。不仅如此，我们还越来越多地听到，学习者应该为自己的学习负责，应该对学习进行自我调节，应该做学习的主人，因为所有这些都被认为能让学习变得更好。[1] 如果确有其事，那么这样的论点不仅与学习*过程*有关，而且与学习的*内容*有关。比如，当建议学生自己设定学习目标时，通常也意味着学生应该决定自己所学的内容，即他们应该学什么。好比说，他们已经得出结论，这是他们的特定“学习需求”。受新自由主义、市场驱动的教育改革的影响，这条思路被进一步放大了。学生或学生家长越来越被定位为“学习市场”的客户，而教师和教育机构则被看作“学习商品”的供应商。这里的关键理念是，教师、学校、高等院校的责任是通过给客户

---

① 请注意，在这些讨论当中甚至没有提及学习“关于”什么、学习“为了”什么的问题，更不用说问题的解决了。令人瞩目和担忧的是，尽管情况如此，但是此类短语仍旧十分流行。

提供他们要求之物来满足客户，简单来说：如其所愿，无有不允。

我认为，该论证已经破产了，当然这并不意味着此类说法已然彻底消失。恰恰相反，正如我在第一章已经提到过的那样，一项重要的教育原理恰恰认为，教育要给学生提供他们*没有*要求之物。首要的理由是，*学生甚至不知道自己可以要求*。这是自由教育的一条古老但仍有价值的原理，它旨在让学生“*超越*当下、*超越*特定情况”（该短语参看 Bailey，1984）。这也与一个重要的区分有关：一是*服务*于“客户”的需求（他们想要什么，就只给他们什么），另一个是为*界定*这种需求做出贡献（有关这一区分可参看 Feinberg，2001）。有鉴于此，人们会说教育专业人员的工作，不只是向学生提供他们要求的东西，而且是与他们一道投入一个探索过程，让他们搞清楚自己可能“需要”什么。（在我看来，的确应该如此。）就像在医学领域，医生的工作不只是给患者提供他们想要的东西，而毋宁说是要弄清楚患者可能需要什么。

鉴于每个人都可以自由学习自己想学的东西，我们可以说教育的全部意义就在于给学生*更多*，给他们未曾要求、寻找，甚至没有意识到自己可以寻找的东西，教育史上有很多强大的隐喻表达了这个想法，比如教是“转向”（柏拉图），是“指向”（庞格）或注意力的形成［伯纳德·斯蒂格勒（Bernard Stiegler）］（另参看 Rytzler，2017）等。这些观念中的“教师姿态”是真正以世界为中心的。（关于这一点，我会在下一章做更详细的讨论。）因为其关注点从学生转向了世界，表明在这个世界上还可能有一些对学生来说至关重要的东西，值得去遇见、去探索，值得去看一看、留 71
下来，让其进入自己的生活，等等（另见 Biesta，2017b）。在这个姿态当中，我们得到了教的第一重礼物。这个礼物是，我们希望学校不只是学之所在，而且是你可以从中发现自己未曾寻找之物的地方，是你可能收到自己未曾要求之物的地方。或许，学校可以是一个出人意料的所在。

教的礼物（二）：给予双重真理

如果说教的第一重礼物位于课程领域，是指学生将要遇到“什么”，那么教的第二重礼物就位于“教授”(didactics)(用欧洲大陆的表达)或“教学(instruction)”领域。它与这一观点有关，即教基本上是克尔恺郭尔所谓“给予双重真理”的行为(参看 Kierkegaard，1985；Westphal，2008)。简单来说，这个观念就是，教不只是为了给学生真理。如克尔恺郭尔所说，教也是为了给学生“识别真理”的条件(Westphal，2008，p.25；另参看 Kierkegaard，1985，p.14)。

这个观点背后有一整套复杂的哲学讨论，并且首先是关于启示之可能性的神学讨论(参看 Westphal，2008)。但是，克尔恺郭尔在这里提出的观点，实际上非常务实且“富有烟火气”，对认为教只是给学生提供知识的想法提出了强有力的批评。毕竟，整个问题的关键在于，为了将某物视为知识，或更宽泛地说为了认识到某物确有意义，是真实的，我们不仅需要“内容”本身，而且需要拥有并位于某个意义“架构”以内。这样，某些东西会在这个架构内变得有意义或被视为知识等。

我在学生时代多次遇到的一个具体实例来自我的数学老师们，他们可以在黑板上画出一些引人入胜的东西。当他们遇到我不解的目光时，总是会说：“难道你看不到吗？”当然，全部问题恰恰在于我看不到。不是我视力不佳，而是因为我不知道自己可以看什么。换句话说，我外在于那个可以看到的“架构”，而我的数学老师则处于那个“架构”以内。

因此，教的难点不在于为学生提供知识(这让那种认为学校应该把注意力集中在“知识”上的坚持，显得有点傻气)，而是引导学生“进入”某个架构，在其中这些知识开始变得有意义，并且有可能获得理解。正是后一个“引导”的动作，从根本上超越了学生可以完成的所有意义建构，以至于有可能遇见某些全新的东西。这在根本上“溢出”了学生自己的理解范围。因此，这不是学生可以从当前理解中建构出来的东西，而是“突破”了当前理解的范围。我们可以说，这是一个突破性的洞察。这就是字面意义上的所谓给予。

72 在这里，我们遇到了来自教的第二重礼物。在教当中，我们不仅被给予自身当前理解范围内的东西，而且还被给予*超出*这个范围的东西。再次申言，这正是学生或“学习者”无法自行建构的东西（另参看 Roth，2011，对这些困境有详细讨论）。

教的礼物（三）：被给予你自己

来自教的第三重礼物，把我们带回本书论点的生存论“核心”，即“我”以及作为“*我*”生存的问题。用教育术语来说，也就是主体化的问题。人们当然可以说，“我”的问题是“我”要解决的问题，而不是可以给予“我”的某样东西。从某种意义上说，这个看法没有错。虽然我们的自由不是自己的创造，但是将自由完全视为我们收到的礼物也并不完全准确。因为，这表明存在一个“我”，在某种意义上这个“*我*”正在等待其自由的降临。更准确的说法是，“我”及其自由同时“降临”，比如当我们意识到自己可以说“不”的那一刻。

教育之所以与此有关，首先与卢梭的洞见有关，即我们的自由不是理所当然的，我们的自由总在面临威胁。如前所述，这种威胁部分来自“外部”。各种社会力量试图接管我们的自由、控制我们的思想和行为、左右“我们的”欲望或为我们提供新的欲望。作为闲暇的所在的“学校”之所以要免受社会控制，这是一个很重要的原因。这不是为了让学生学得更高效，而是为了给他们提供时间来与外界建立关系，是为了给他们提供空间来与这个世界保持一定的距离。

如前所述，另一个威胁来自内部，与我们的激情有关。正如卢梭所说，教育工作与给儿童和青年提供一个与自己的激情建立联系的公平机会有关，而不是让他们被自己的激情所决定和碾压。这不只是教育的关系性工作，以鼓励我们的学生成为自己。除了“社会配置”以外，教育还包含课程。这里的“课程”不是应该掌握的内容，而是学生接触世界、接触自己、接触自身欲望的众多途径，学生由此可以找到与自身欲望建立联系的形式。

所有这一切都可以被理解为对自我的召唤。这可能是肯定的方式：“嘿，你在那儿……”，也可能是否定的方式。洪席耶建议，当学生满足于

不作为主体时，解放型教师要否决这种满足感（参看 Rancière，2010）。正
73 如我所解释的，这不是生产或培养的问题，而恰恰是生存教育的工作。这项工作有风险，不仅因为没有什么能保证它一定成功（这一切都取决于学生），而且因为在召唤学生成为自己时，我们也在历险。不要忘记这种可能性，也不要逃避它。莱恩的“复杂和不寻常的事”，仍是教的第三重礼物的有力例证。这正是因为，当莱恩把手表放在杰森面前时，把自由交在了杰森本人手中。因此，我们可以说，杰森“从他接受的东西当中遇见了自己”（Marion，2017，p.86）。

结　论

通过上述三块“拼图”，我试图强调教育的某些方面。在这些方面，教对教育来说必不可少，并非偶然。换句话说，来自教的三重礼物表明，教育不能（完全）化约为学。首先，这对于抵制教育的学习化很重要。它表明学习语言不足以捕捉教育的复杂性。同样重要的是要强调，教育不只是学习，教育要比学习更加丰富。学至多是人类状况的一个维度，但它既没有界定也没有完尽我们作为主体的生存（在世生存、与世共存）。我们希望向世界学习的东西，可能是一种有用的“对事物的态度”。除此以外，如马里翁所说，如果我们的目标是减少意外、增强控制，那么还有一个世界正试图把自身给予我们。而且，马里翁很可能会说，这种给予先于我们试图掌握世界的任何尝试。马里翁因此开启了人类状况的一个全新“维度”。这个维度伴随着一项非常明确的挑战，我将其总结为让自己被教的挑战（另参看 Biesta，2017c）。

第六章　形式也重要：指向作为教育之要义

正如我在第一章提到的，本书的思路集中在两个观念上：第一，教育 75
问题从根本上说是生存论问题；第二，与此相关的教育工作是降临到学生身上的，是给予，不是主动选择。这意味着基本的教育“姿态”是*教*。在之前的章节中，我试图更详细地探讨教育之生存维度的内容和重要性。第三章介绍的帕克斯－艾希曼悖论，也许是一个最简洁的方式，可以说明为什么仅有学习和发展还不够。毕竟，总会出现的一个更深层次的问题是，我们要如何*对待*自己的所学、如何对待自己的发展，具体来说，我们在用到所学之时会做什么。在生活中，我们会遇到这样一些境况或事件，它们在对我们发言、针对我们、呼唤我们、要求我们，于是这个更深层次的问题就变得重要起来了。简言之，在遇到下面的问题时，它就变得重要了：“嘿，说你呢！你在哪儿？”前文提到过，这个问题可能以不同的形式出现在我们面前，但总是作为扰动到来的。正如我在“前言”中所提到的，“教育中的教育性工作”正是在这个突出而宝贵的地带发生的；换言之，正是在这个突出而宝贵的地带，教才得以发生。

指出教在*何处*发生是一回事，阐明教会*如何*发生又是另一回事。后一个问题既涉及教的姿态本身，也涉及与此相关的教师工作问题。在前面的章节，我已略略触及这种姿态和教师工作。比如，对于莱恩那件“复杂和不寻常的事”的讨论，以及对于给予和教之礼物的讨论。本章会继续这一探索，关注教的*形式*以及更一般的教育形式问题。那么，为什么会有此议呢？

在第一章，我把教育描述为一种刻意行动的形式，即教育者做的事和 76
教育者*有意*而为的事，前提是也包含刻意的不作为，即出于教育原因慎重决定不采取行动。比如，在莱恩与杰森互动中的那些*未行*之事。在随后的章节中，我聚焦于教育的意图和教育者的意图，认为教育应该指向三个目标领域，分别是资格化、社会化和主体化，并且，只有当这三个领域都得到实现时，我们才有名副其实的教育。换句话说，没有主体化，教育就有成为“对象管理”的风险。①

虽然这一系列论证仍然很重要，但是它也容易引起非议：说它重要，是因为它至今仍可以为宽泛地理解教育珍重什么、什么可以算作教育提供理由。说它容易引起非议，是因为在这种情况下教育是什么、不允许是什么，都取决于特定时间点上哪项议题最突出、最强大。换句话说，这取决于哪项议题能够支配教育行动的意图。全球教育测量业已经成功在许多国家设定了教育议程，它们专注于一组狭隘的学习产出和狭隘的预定身份，比如终身学习者、好公民、有复原力的个人等。这样巨大的权力表明，一种只关注教育中*刻意*的一面，而“忘记”了“行动”这一面的教育会有什么问题。

这里提出的问题是，完成特定教育议程的方式是否无关紧要。这是否意味着，只要能高效实现特定“产出”，教育就万事大吉了呢？又或者说，是否教育*形式*本身，就有什么值得我们关注的东西？也许教育实践本身的形式就有某种独特的、教育性的东西。换句话说，这里提出的问题是，*形式是否重要*。在本章，我将论证教育形式的确重要，并且正是这种形式本身包含了一些独特的、教育性的东西。我会与德国教育家庞格的作品展开对话，以此来发展这一论点。在我看来，庞格提供了最一致和最有说服力的论证，可以表明形式之于教育的重要性。他的主张可以概括为，如果没有所谓作为“指向”（pointing，Zeigen）的行动这一特定形式，实际上也就不会有教育（参看 Prange，2012a，p.25）。

德语单词“Zeigen”可以译为“指向”和“展示”。我将其译为“指

① 这句话听起来相当有力。我想请读者阅读下面这份报告，以了解我的想法：Department of Education and Training. Through growth to achievement: the report of the review to achieve educational excellence in Australian schools [R]. Canberra: Commonwealth of Australia, 2018.

向”，因为我认为这是对“Zeigen”一词最具“描述性”的译法，而“展示”在某种意义上是指向的特定意图。换句话说，“指向”的重点在于试图向某人展示某物，这样看来展示也包含在指向当中。这里的另一个重要的翻译问题与“education”这个词有关。参考庞格的做法，我把“education”作为对“Erziehung”的翻译。庞格非常清楚，他的论点与“Erziehung”（教育）有关，而不是与“Bildung”（教化）有关（参看 Prange，2012b，p.111）。与我迄今为止的做法一致，庞格也把“Erziehung”视为一种刻意行动的形式。 77

教的形式：注意的重新引导

西方哲学对教的形式最古老的描述之一，可以在柏拉图《理想国》（*The Republic*）的洞穴比喻中找到（详细讨论参看 Benner，2020，pp.15–23）。[①] 我们可以用一种相当“现代”的方式说，柏拉图反对把教视为由教师向学生传递知识的观点。他写道：“（我们）必然得出结论，教育并不像某些人说的那样，他们自称可以把知识注入没有知识的灵魂，好像他们可以把视力放入盲人眼中一样。”（Plato，1941，p.232）柏拉图假设，“每个人的灵魂确实拥有学习真理的能力和发现真理的器官”（Plato，1941，p.232）。“教”或者如柏拉图强调的那样是“教的*艺术*”，因此就不是把“视力放入已经拥有视力的灵魂之眼，而是要确保灵魂转向它应有的方向，而不是看那错误的方向”（Plato，1941，p.232）。

我想在此强调的，不是柏拉图对教的行为中发生了什么的独特解释——这指的是他提及的“真理”，以及他对“错误”“正确”和“方向”的判断。我要强调的是，他关于教之基本姿态的描绘，即*重新引导他人的目光*（本纳的德语表述是“die Kunst der Umlenkung des Blicks”；参看

① 我知道自己只谈到了西方传统，并且是根据西方哲学“经典”重构了这一传统。我希望以后有机会对不同的教学形式进行更广泛的历史研究和比较研究。

Benner，2020，p.21）。如果我们假设人类能够引导自己的目光（泛泛地说，就是人人皆可为学。请参阅我在前几章表达过的对于学习的担忧），那么教的姿态就是*转移*这种目光，也就是把目光转向*不同*的方向；这个新的方向不同于焦点，也不同于目光的下一个目标。本纳在讨论柏拉图时强调，这种重新定向不是由教引起的，也不能由教来强行实施（Benner，2020，p.17），它至多可以通过教来*唤起*。“Aufforderung”于是成了一个合适的术语。[①]

本纳根据对学生目光的（重新）引导来认识教，其首要工作就是从看的角度来探讨教。有鉴于此，“*注意力*”这个略显宽泛的术语就是有用的。我们因此可以说，教是试图把学生的注意力（重新）定向到某事之上（另见 Rytzler，2017）。还有更进一步的问题，比如这个“某事”是*什么*、可以是什么或应该是什么（我将在本章后部回到这点），*为什么*我们要这么
78 做（这是教育目的问题），以及一旦学生的注意力被（重新）引导以后*应该做什么*（我稍后也会回到这点）。（重新）引导他人的注意力如何可能，这也是一个有趣的问题。

不过，我在这里的重点，不是解释（重新）引导他人的注意力如何可能。（有人也许会说，全部教育都要基于这一假设。）我的重点是要指向“最纯粹”、最基本的教的形式。尽管这种姿态可以通过多种方式实现，比如对学生说“看那边！”“注意！”，或给学生一项特定的任务、挑战。但是，我同意庞格（Prange，2012a，另见 Prange & Strobel-Eisele，2006，pp.40–48）的观点，教之姿态的基本“结构”是*指向*。此处的重点在于，指向具有双重方向。指向总在指向*某物*（“看那边！”），同时也在指向*某人*（“你，看那边！”）（另见 Prange，2012a，p.68）。毕竟，为自己指向某物没有什么意义。从这个意义上说，指向始终是一种沟通行为。

庞格作品的高明之处在于，他从这一基本形式出发来建立自己对于教育的理解，从而表明恰恰是形式本身具有教育意义。因此，教育意义不需

① 参看本书第 41 页有关“对自我行动的召唤”的讨论。——译者注

要从“外部”“附加”，尽管的确有那些具体的意图、目的或议程存在。在本章接下来的部分，我将重构庞格的一些主要观点，重点关注他的“操作性”教育理论、他对于学习的讨论，以及他关于教育形式之内在规范性的观点。在本章后部，我会重新回到本书的主线上来。

在讨论庞格的想法以前我要提醒读者注意，尽管对“传统”和“讲授式”的教育有各种批评，尽管有“翻转课堂”的夸张宣传，但是要求学生进行的预习和复习实际上没有什么变化，由此可见教学形式实际上是多么持久和顽固。YouTube 是最佳范例。在这里有成千上万的教学视频，非常了不起！这些视频都使用了同一种基本形式，某个人面向观众讲话，并演示一种特定的行为方式，比如怎样组装一件宜家家具，怎样修水管、修汽车，怎样挂窗帘等。① 更一般地说，在教育系统内外部，排排坐或者围成半圆来听某个人讲话的形式，仍然是一种非常流行、非常有用的形式。尽管在新型学校建筑方面有许多尝试，但同样值得注意的是，相对封闭的空间设计也在持续回归。这种设计允许师生聚集在一起，空间不太小也不太大，当然也不会太过嘈杂，这让共同注意开始成为可能（教育声学也是一个非常有趣的问题）（参看 Tse et al.，2018；Biesta，2018c）。关于这一切，庞格会说什么呢？

一种操作性教育理论

从某种意义上说，庞格的用意很简单，只是试图描述我们在教育时*做*了什么（Prange，2012a，p.7）。从教育*形式*的问题入手，或用他喜爱的术语来说是从教育的特定*操作*开始，他试图“自下而上”地发展一种教育理论（Prange，2012a，p.7）。也就是说，他是从教育*实践*的角度（或更准确地说，*实施*教育的方式），而并非教育的相关（规范性）议程、意图和抱

① 实际上，YouTube 创作者学院声称“在 YouTube 上，与学习相关的视频每天的浏览量超过 10 亿次”（参看 https://creatoracademy.you-tube.com/page/lesson/edu-channel-start，2021 年 1 月 3 日访问）。

负出发。

选择这条道路的一个重要原因在于，庞格对于我们可以称为教育本身“完整性”的关注。这既包括教育实践的完整性，也包括教育理论的完整性。庞格观察到，在有关教育的公共话语中，来自心理学、社会学、经济学和组织理论的其他声音，开始变得比教育本身的声音还要更加突出。这让教育处在一个相当尴尬的位置，不得不将“他处”的洞察“转化”为教育实践（Prange，2012a，p.14）。庞格强调，问题不在于教育作为一门学术性学科在各学科当中的地位[①]，也不是要呼吁教育的“光荣独立”（Prange，2012a，p.19）。可以说，首要的问题在于关系一词。重点是要确保教育不会最终成为缺乏任何知识维度乃至完全实操性、完全工具性的东西，或只是别处设定之议程的“执行者”。为此，庞格认为，关键是要阐明教育*本身*“是”什么，或以语言学的方式来说，我们要能阐明教育本身与什么*有关*（eine Bestimmung dessen, was under “Erziehung” zu verstehenist）（Prange，2012a，p.19）。

在该讨论中，庞格援引了赫尔巴特首次提出的关于教育“本身的”或“适宜的”概念之想法。赫尔巴特称其为“einheimische Begriffe”（地方概念）（德语中的“Heim”，意思是“家”）（Prange，2012a，p.19）。这些是构成和表达教育特有的思考、言说、观看和行事方式的概念。这里的要点是，每一个学术性学科或领域都有自己的特定概念和理论，也可以说都有自己的术语和语法。这赋予每个学科“内在”身份，以及在与其他学科和实践领域互动过程中的独特视角和兴趣。赫尔巴特关注教育的*适宜*概念。有趣的是，他提出的两个概念是“可教性”（educability，Bildsamkeit）和“教”（teaching，Unterricht）。有鉴于此，庞格提出，既然这些概念意在表明教育本身“适宜”的是什么，那么从那些我们视为教育特征的*操作*出发就是有意义的（Prange，2012a，p.20）。庞格写道：

① 在德国和欧洲大陆的许多其他国家，教育确实成了一门学术性学科。在英语世界，教育主要被构造为应用性的或在某种意义上是“实用的”研究领域。参看比斯塔（Biesta，2011）的重建。

> 概念发展的基础不在于教育的目的和目标，也不在于我们在施 80
> 教时需要考虑的社会和个人条件，而是首要在于实施教育的形式。（Prange，2012a，p.20；本人自译）

庞格因此就为“einheimische Begriffe”（地方概念）提供了强大的理由，以便随后阐明“einheimische Operationen”（地方操作）（Prange，2012a，p.20）。

随即出现的问题是，既要确定教育实施的*特点*，又要确定它的*独特*之处何在，以确保我们认定为教育实施之特征的东西（即当教育“发生”时，始终在“那里”的东西）是教育的典型特征，而不只是任何形式之行动或互动的特征。庞格的建议是，“指向”（pointing，Zeigen）是教育的基本操作（Prange，2012a，p.25）。他给自己设定的挑战因此得以明确，即在不提及“指向”的情况下，就不可能理解什么是教育，用更接近庞格本人的表述来说，就是不可能理解是什么“将自己显示为教育”（was sich als Erzieung zeigt）（Prange，2012a，p.25）。他因此声称，没有指向就没有教育（Wenn es das Zeigen nicht gibt, dann auch keine Erziehung）（Prange，2012a，p.25）。

庞格用可以称作对教育之最基本“陈述”的东西来完成论证，即教育（基本上）乃是关于某甲向某乙教某些东西。这已经表明教育有三个“组成部分”，一个教的人（教师或教育者）、一个被教的人（学生）以及教了什么。关于最后这个方面，庞格将其称为“主题”（Prange，2012a，p.37）。主题是教师试图教学生的内容中至关重要的部分，是教师希望学生可以掌握的内容中至关重要的部分。我们可以将其称为“内容”，但是“主题”一词允许对教育中至关重要的问题进行更宽泛、松散的描述。庞格以几个可能的主题为例，比如能够走路、说话、阅读、写作和计算（Prange，2012a，p.42），这表明主题是相对复杂的。他还使用了“文化意义”这样的表达，来解释主题在教育中的地位。庞格提到的主题是学生应该学的东西，更宽泛地说，可以把教育和教、学联系起来。我将在下一节回到庞格论证的这个方面。

虽然所有教育都包含这三个部分，但是仅仅有一位有意让学生获得或接触某个特定主题的教师还不够。可以说，只有当如何教的问题开始起作用时（Prange，2012a，p.47），它才能成为教育。庞格认为，这就是教育*形式*的问题，更准确地说，是在组件之间建立联系的特定*操作*，以便学生
81 可以进入教师希望呈现给学生之“主题”的问题。[我知道这个提法略显含糊，因为我不想把教育中正在发生的事局限于教师一方的知识传播（我认为“主题”一词更有趣，原因正在于此），也不想把学生的工作或学生从教当中“获得”的东西缩减到学习问题上来。稍后我会再回到此处。]

那么，哪些操作在教师、主题和学生之间建立了联系，并在这个过程中确立了三个组成部分的身份，即教者、被教者以及教的主题呢？庞格承认，这里发生的事可以用许多不同的方式来描述。在某种意义上说，有范围相当广泛的教育操作。庞格还提到过本纳的“Aufforderung zur Selbsttätigkeit”（对自我行动的召唤）[1]（Prange，2012a，p.62）（我稍后会回到这个问题）。庞格的核心观点是，在各种不同教育实施方式中可以找到的*基本姿态*是“指向”（Prange，2012a，p.65）。“指向”的特殊之处，在于其“双重性”（Prange，2012a，p.68）。因为，指向的不仅仅是某物，这种指向行为还在指向他人。可以说，“看那里！”总是意味着“*你*，看那里！”。这里要强调的是，指向总要用到手。在这方面，教育实际上是一种手工劳动（Handwerk）（参看 Prange，2012b）。要强调的另一点是，指向既能让人集中注意力，也能引起注意，用更强硬一点的表述来说，是*要求注意*[2]。在这个意义上，我们可以说指向首先是一种*唤起*的姿态，这给指向赋予了教育意义。[3]

① 参看本书第 41 页的讨论。——译者注

② 德语原文是：macht aufmerksam und fordert Aufmerksamkeit.（Prange，2012a，p.70）

③ 庞格和斯特罗贝尔－埃塞勒（Prange & Strobel-Eisele，2006，Chapter 2）在他们关于教育行为形式的书中提出，指向是基本的教育形式（Grundform）。他们区分了四种指向形式：明示的指向（与练习有关）、代表的指向（与呈现有关）、唤起的指向（与召唤有关），以及反应性指向（与反馈有关）。

现在可以说，虽然指向是教育者的关键教育姿态（本章和本书之重点，也放在教育者的工作上），但是教育指向绝不仅仅是指向某物，而是也在同一个姿态中把某物指给某人（更好的说法是向某人指出某物）。有人可能会说，使指向具有教育意义的原因在于，教育者希望或期望学生针对教育者想让学生关注的东西做一点什么。在这里，“希望”和“期望”是正确的字眼。这首先是因为，（正如柏拉图已经认识到的那样）教育者无法制造学生的注意力，而是假设注意的可能已经在那里了。指向是（重新）引导注意力。但是，“希望”和“期望”之所以正确，也是因为一旦吸引了学生的注意，教育者根本就无法控制学生会做什么了。换句话说，在指向与学生可能发生的事情之间，没有什么因果联系。这说明在此种情况下，为什么“效用”是一个相当无用的概念。当然，这并不能说明教育者的工作就毫无意义。

关于这一切，庞格提出了两个强有力的主张。一是教育者的工作是为了学生的学习。他强调教育不会产生学生的学习。学习本就在那里，没有教育也有可能发生。然而，根据庞格的说法，广义的教育目的就是影响和 82
指导学生的学习。庞格提出的第二个主张认为，只是因为教育的学习取向才让指向获得了教育意义[①]（参看 Prange，2012a，p.67；另参看 Prange，2011）。在补充批评意见之前，让我来简要整理一下庞格的思路。

教育、教以及学的不可见性

如前所述，庞格主张教育和学习之间存在非常紧密的联系，更具体地讲是教和学之间。这种紧密联系的理由，并不是说二者完全是一回事。相反，庞格一直强调对二者做区分的重要性：教育和学习是两个完全独立的过程，同时也是两种完全独立的操作，二者之间没有什么天然的联系。正

---

① 德语原文是：Allein durch den Bezug auf das Lernen gewinnt das Zeigen eine erzieherische Bedeutung.（Prange，2012a，p.67）

如庞格认为的那样，即使没有教育，人们也可以学习，并且也确实会学习。这种所谓的“教育性差异”，是庞格作品的中心思想。然而，教育工作之关键，就是在教育者的工作和学生的工作之间建立联系；更一般地说，是在教育和学习之间建立联系。庞格甚至提出，在某些时候可以使用带双引号的“教育”（education），来同时指称教育和学习，而用不带双引号的“教育”来指称教育者的工作。也许在英语中，把教育行动（即刻意的行动）和教育过程（即整个教育“过程”）区分开来是有道理的，这一点还有待继续考察。

虽然庞格会因此在自己的操作性教育理论中把学习置于中心位置，但是他这样做的方式相当有趣，可以说是采取了一种明确的教育方式。这与他提出的一个迷人主张有关，即学习基本上是*不可见的*（比如，Prange，2012a，p.88）。有时，他也会将其称为学习的*不透明性*（比如，Prange，2012b, Chapter 11）。[①] 庞格的观点是，“学习”并不是某种孤立、自足的事物或对象，好像我们可以像对待一棵树那样径直去研究它。学习总是纠缠在各种情境和网格之中，我们借此可以获得经验，知道学习已经发生（参看 Prange, 2012a, p.83）。学习因此是在不断“显示和隐藏”自身（Prange，2012a，p.83）。这是庞格说“学习是教育方程式中的未知元素”（Prange，2012a，p.82）的原因。

那么，“学习”一词指的是什么呢？庞格写道，我们假定一个儿童能做到以前无法做到的事情时，学习就发生了（Prange，2012a，p.104）。此外，我们假定这在教育中有可能发生。在某种意义上，这正是我们的教育意图。当我们假设有*可能*发生的事情确实在发生时，我们就认为这一假
83 设得到了证实。但是，学习“事件”本身并不能因此得到“锚定”。对于庞格而言，这也意味着学习研究实际上从来不是研究学习本身，而至多是研究“触发”和“反应”（Reizinput und Reaktionsoutput）之间的联系（Prange，2012b，p.173）。

---

① 对于庞格来说，这是他对以下观念持高度批评态度的原因：要对学习本身进行研究，以及更进一步，教育要以此类研究成果为基础（参看 Prange，2012b，pp.172—173）。

庞格因此提出，与其泛泛而谈或是脱离背景去谈论学习，不如把学习与教育关联起来看，这会更有意义。从这个角度出发，庞格提出了三项有关学习的主张。更准确地说，他提出了“关于学习对（教育性）指向之意义的三个基本见解”（Prange，2012a，p.87）：（1）学习存在；（2）学习是个人化的；（3）学习不可见。

学习存在（这是我的表述，庞格的原文是“Es gibt das Lernen”）这个主张，对于庞格来说意味着学习本身就是一种事实，独立于教育。在狭义上，庞格认为教育者的工作是基于学习存在之假设，这是教育者的操作性前提（Betriebsprämisse）。更宽泛地说，庞格认为学习是一个“人类学常数”，是一种人性事实（Prange，2012a，p.88）。这些主张同时提出我们应该如何理解学习的问题，后文会回到这个问题上来。然而，庞格从中得出的一个有趣启发是，认为我们可以学会如何学习、在开始学习之前应该学会如何学习，这样的想法是荒谬的（Prange，2012a，p.88）。当然，我们有可能学习如何研究、如何实践、如何实验，但是庞格认为学习“本身”并不是可以学的东西。

认为学习是个人化的，基本上意味着没有任何人可以替代我学习，就像没有任何人可以代我吃、代我死一样（参看 Prange，2012a，p.89）。虽然庞格承认，我们可以与他人一起学习，也可以向他人学习，但是我们仍然必须自己学。因此，我们应该像对待“学会学习”一样，谨慎对待“社会学习”这个短语（Prange，2012a，p.89）。

认为学习在本质上不可见，这与学习的个人化这一事实有关。庞格指出，对于他人，我们只能观察学习的潜在“效果”，而无法观察学习本身（Prange，2012a，p.91）。他还指出，对于我们自己的学习、他人的学习，我们都只能在“事件”之后、回顾性地说学习已经发生了。正如庞格所说：“父母和教师可以看到儿童在行事能力上的发展，但是无法观察到学习本身。”（Prange，2012a，p.91；本人自译）。虽然教育可见，因为它是一种社会行为，但是学习并非如此，因为学习是个人的某种“接受”形式。正如庞格所说，学习只能以间接方式变得可见，“就像石蕊测试一样”

（Prange，2012a，p.92）。

从教育的角度看，问题不在于我们能否就学习说上点什么，尽管庞格确实涉足了这个领域（尤其是 Prange，2012a，pp.93–106）。重点在于，关于教育（操作）和学习（操作）之间的*协调*如何实现或建立（Prange，2012a，p.93），我们可以说一点什么。在德语文献中，这个问题被表述为
84 “表达”问题，这是赫尔巴特引入的一个术语。（英语中相对应的可能是“课程”，如果课程不被理解为内容，而被理解为“学习历程”的话。）庞格把它当作指向与学习的协调问题来讨论，尤其是随着时间的推移，指向与学习如何协调的问题（Prange，2012a，Chapter 5）。

我们已经看到，教育与学习有根本差异，教育并不会*导致*学习。这体现在庞格的“教育性差异”思想当中。学习作为一项人类学事实而存在，或者如果我们不想夸大其词的话，教育是在学生学习并且能够学习的假设之下进行的。无论是否接受教育，学习都在发生。因此，问学习本身“是什么”，然后在教育中运用这些知识，对于庞格来说是一种不可能的方式。庞格处理这个问题的方式，是询问学习如何作为教育的结果，更具体地说是作为对指向的结果或回应显现出来。从这个角度出发，庞格写道，“作为指向的教育，是引发学习的一种形式”（参看 Prange，2012b，p.169；本人自译）。指向行为中的唤起（“你，看那边！”），不只召唤学生看，不只（重新）引导学生的注意力，而且是用在那里“发现”的东西做一点什么。

与此相关，庞格提了一条有趣的建议，即学习是在教育意图的*作用下*被显现出来的（Das Lernen wird zur Erscheinung gebracht）（Prange，2012b，p.171）。庞格写道，学习可以说是以被提及、被召唤的方式显现了自身（Prange，2012b，p.171）。在实践中，学习以模仿来“表露”自身；在解决问题时，它以创新和发明来“表露”自身；在专题任务当中，它以实践学习来“表露”自身等等。（Prange，2012b，p.171）因此，庞格将学习比作变色龙，它会匹配特定教育“阶段”而披上不同的“肤色”。不过，庞格强调，学习“本身”仍然隐而不见。唯有借助教育的激发，学习才会变得“部分透明”（Prange，2012b，p.171）。

庞格在讨论中提出的最后一点是，学习的不透明性不应该被理解为某种仍然有待揭露的“黑暗”（参看 Prange，2012b，p.176）。学习者（我更喜欢“学生”这个词）在对向他们指出的内容做出反应时，是以一种反身的方式进行的。也就是说，他们会指涉自身，而不只是采取一种反应或机械的方式。庞格认为，学生会在这个过程中决定是否学习以及如何学习（Prange，2012b，p.176）。这与下面的事实息息相关，即人类不仅具有由可观察的行为、行动组成的“外部”，而且还具有由从外部无法观察的思考、感受组成的“内部”，尽管在日常互动当中，我们总会试图“解读”外部，来获得有关内部运作的线索。用我自己的话来概括，庞格在这里的观点是，学生绝不只是教育干预的对象，学生是一个我们向其指出了对象的主体，是一个注意力得到召唤的主体。但是，这种注意力的首要方面还是*主体*的注意力，不是某种无定形的或抽象的过程或机制。

指向的道德

85

关于庞格的作品，我要讨论的最后一个方面与教育的道德维度有关。庞格强调，对于教育而言，不只是教育应该恪守何种标准的问题，教育同时也对受教育者的道德有所贡献。道德在这里出现了两次，既是衡量教育的*标准*，也是教育本身的*目标*（参看 Prange，2012a，p.137）。就像人类实践的任何其他领域一样，教育也要符合一般的伦理标准。尽管如此，仍然遗留的问题是，有没有像医学伦理那样的*特殊*、专门的教育标准需要教育者去考虑。

庞格从“什么是好教育”这个问题出发来做解答，也就是我们什么时候可以说教育行动是好的。他讨论的一种选择认为，当教育行动达到预定目标时就是好的（Prange，2012a，pp.144—145）。这在技术、机械领域的确说得通。修好了供暖系统，水管工的工作就是好的；修好了一辆车，修车工作就是好的。但是，这种说法不适用于教育。我们知道，就算教育者的所作所为完全正确无误，也无法确保其行为对儿童或学生的影响。这是因为，教育行为与学生一侧“发生”的事情之间不是机械关系，而是反身、自指的关系。换句话说，学生是主体，不是对象。庞格还提醒我们，在某些情况下父母和教师显然没有正确行事，可是他们的孩子和学生却依旧表现良好。

庞格提出，不是去关注教育实现了什么（也可以说教育生产了什么），而是要转向教育*形式*的问题，询问（教育性）[1]指向本身在何时是好的。稍有不同的表达是，问一问什么是好的（教育）指向。庞格因此想要阐明指向本身的道德（die Moral des Zeigens），并因此得出了三项关键要求。一要易于理解（verständlich），二要适宜（zumutbar），三要可连接（anschlussfähig）（我稍后会解释这个术语）。[2]

关于第一项要求，庞格认为，无论我们指向的是什么，我们都在以正确、清晰和可理解的方式来展示它（Prange，2012a，p.146）。这就牵涉到理性的需求（Prange，2012a，p.146），或换一个措辞，是对于*真理*的要求（Prange，2012a，p.148）。庞格认为，这一要求既适用于我们指向的*内容*（我们展示了什么），也适用于我们*如何*展示这些内容。后者同样重要，可以确保我们的展示清晰、易懂。

第二项“适宜性”要求，要求我们确保自己指向之内容，对于面前的学生来说可以接受，不会显得过于深奥。这并不意味着这些内容不能
86 带有挑战性，而是说这些挑战必须量力而行。庞格认为，这对*尊重*提出了要求。也就是说，我们承认学生是人（庞格的术语）或主体（我的术语），而不是把他们视为对象，因为那会将教育变成训练或压迫（Prange，2012a，p.147）。

第三，“可连接性”要求学生可以根据我们向他们展示的内容做一点

① 我在这里增加“教育性”一词，是为了强调庞格讨论的不是一般意义上的指向的好处，而是作为一种教育行为的指向的好处。

② 庞格确实提到过，他的探索是“内在于”教育的。也就是说，通过追问什么是好的教育指向，就已经假设我们被卷入教育之中了。教育本身能否得到证明，这个问题已经超出了范围。我们也可以说，这已经是一个在先的问题了。对于庞格来说，还有一个教育伦理如何“匹配”一般伦理的问题（参看 Prange，2012a，p.148）。

什么，尤其是他们可以基于自身条件在自己的生活中继续我们展示的内容（Prange，2012a，p.147）。换句话说，这意味着我们展示的内容要考虑学生的兴趣，并找到与这些兴趣的连接点，避免让我们的指向受我们自身兴趣的引导。庞格因此认为，这包含了对于*自由*的要求。

需要强调的是，在庞格认为是肤浅的解读当中，人们有可能完全从技术术语的角度来看待这三项要求，把它们视为对有效教学的要求，而无视这样的教学会带来什么。说教学应该可理解、可实行，并且在略显狭隘的解释中，教学应该对学生有用，这听起来好像只是要确保教学能“匹配”学生。这样的说法，没有具体说明这种教学是为了灌输还是为了解放。庞格却强调，这些要求在道德上*并不*中立。他的确提出，这些要求包含了对于尊重、真理和自由的诉求。正如他解释的那样，任何灌输的企图，都会违背对真理的诉求；任何操纵的尝试，都会违背对自由的要求；任何社会制约的努力，都会违背对尊重的要求。（Prange，2012a，p.150）

在这个意义上，庞格得出结论，包含在教育指向中的教育形式有其内在的、完整的道德，不需要从外部附加。对于教育本身之完整性来说，这是教育形式之所以重要的又一个理由。

结　　论

我在本章对教进行了探索，不是关注教之目的、意图或目标，而是关注教之形式。这样做的原因在于，我把教育视为一种刻意行动（包括刻意不行动）的形式，连带着我把教育的“姿态”视为降临到学生身上的某种东西，这正是教之意义所在。一个通行的且在某种意义上十分古老的定义认为，教是（重新）引导他人注意力的艺术。从这个定义出发，我放大了庞格的“操作性”教育理论。这样做不只是因为庞格在构建这一理论时，是试图“自下而上”（即从教育实践的形式出发），而不是“自上而下”（即从教育的目的、意图和目标出发）。毕竟，仅仅有良好的意图，或仅仅有教育方面的议程或规划，还不能说明要做什么。我这样做还因为，庞格把“指向”当成最基本的教育形式，认为没有指向就没有教育。

87 在本章前面的部分，我就教是（重新）引导某人对某事的注意力提出了三个问题。第一个问题是，我们应该如何理解这个“某事”。换句话说，教要把学生的注意力吸引到*什么*上面。第二个问题是，我们*为什么*要这样做，即教育指向的真正意义是什么。第三个问题是，一旦注意力被重新引导，*学生应该做什么*。换句话说，我们对学生的期望是什么，或用更开放一点的表述来说，一旦我们把学生的注意力成功转移到某件事上，我们希望自己的学生做什么。我试着参考庞格的理念来回答这些问题。

指向姿态最重要、最有趣的特点在于，这是一种双重姿态。在指向时，我们总是在指向某物（“看那边！”），是在把某人的注意力引向*某物*。与此同时，我们指的是*某人*（“你，看那边！”），因为我们毕竟是在试图引导某人的注意力。因此，我们是通过指向的双重姿态，召唤某人关注这个世界。我们不只是把*世界*变成某人注意的对象，我们也在同一时间、以同一姿态邀请*某人*关注这个世界。因此，在指向时，我们是把学生的注意力集中于这个世界，也就是“外在于”学生的那一切。我们虽然可以这样说，但是指向行为实际上也在指向学生。以这种方式，学生自身引起了他们本人的注意。这开始揭示出，指向的姿态是*以世界为中心的*（我会在下一章回到该主题。）不仅如此，它还揭示世界中心教育并不排斥主体化事件。它不会令学生*远离*自身，而是召唤*他们*关注世界。仍旧是那句话：“你，看那边！”

在回答人们为什么会如此以前，也就是说在回答指向行为的合理性问题以前，我想就第三个问题再说几句。一旦我们成功“吸引”了学生的注意，我们对学生的期望是什么？庞格在回答这个问题时高度重视学习。从我自己的角度看，我认为这几乎毫无帮助。正如我在别处讨论过的那样，学习只是若干生存可能性中的一个（比如，参看 Biesta，2015b）。因此，像庞格那样声称指向的教育意义在于学习，在我看来就过于狭隘了，它试图排除人类在世生存和与世共存的许多其他方式（我也会在下一章回到这点）。在这方面，我发现科米萨的建议要有趣和有意义得多。他认为学生是“*成功认识到了（教的）行动重点*”（Komisar，1968，p.191；强调依原文）的“旁人”。这个概念允许教的行动中有更大范围的可能“指向”，不只是学习，因此也就允许学生有学习以外的更加广泛的回应。

庞格关于学习的讨论之所以让我着迷，首先就在于他关于学之不透明 88
性和不可见性的观点。这是对学习科学所有学习主张的有效解毒剂，包括认为学习科学应该为教育提供基础的主张。同样非常有帮助的，可以说是庞格对于学习的深刻*教育性*解读。他认为学习的出现和展示方式，都是特定教育刺激的结果。这是把学习当成了变色龙。在这一切当中，庞格坚持认为学习“本身”（如果确有其事的话）实际上永远不会浮出水面；我们至多可以看到变化，然后将其视为学习的迹象。这个坚持在我看来是正确的。这确实意味着庞格的学习概念仍旧相当形式化，在某种意义上也相当空洞。因为，对于庞格来说，“学习”基本上意味着某种变化。与最常见的“正式”学习定义一致，这些变化都不是成熟机制的结果。因此，如果庞格把“学习”一词替换成“改变”，或许能更有帮助。不过，即便如此也还是可以说，我们在教育中不仅仅是在追求改变。作为教育者的我们，有时恰恰是要确保学生不做改变，继续停留在“狭窄的小径”上。

这就引出了为什么指向的问题，即教育指向的真正意义是什么。非常清楚，*指向与控制无关*。可以说，这就是指向这种姿态的美妙之处。它说“看那边！”，甚至会说“你，看那边！”。但是，它不会强迫学生看那边；一旦学生集中自己的注意力到“那边”以后，它也不会决定学生应该做什么。由此看来，指向不仅是一种开放的姿态，而且是一种开启的姿态，因为它向学生“敞开”了世界。正如我之前指出的那样，在同一个“动作”当中，也让学生向世界“敞开”了自身。因此，正如庞格在讨论指向道德时指出的那样，关键问题是学生的自由。我想补充的是，这不是学生想做什么就做什么的那种自由，似乎世界只是一个满足学生需求的手段或场所。更确切地说，这种自由是作为主体“在”世界中、“与”世界共存的自由。这不是只追随自己的欲望，而是首先要与世界相遇，与世界可能向我们提出的要求相遇。

第七章　世界中心教育

90 人的使命之实现当在世界之中，不在文化或社会之中。人尽管是作为自然存在而发展、作为社会角色扮演者而社会化，但是人的教育总在世界的视野中发生。（Böhm，2016，p.163；本人自译）[①]

我给本书取名“世界中心教育”。这个短语我已经用过一段时间了，尤其是用来标记我在工作中追求的那种教育方法。从修辞上讲，世界中心教育的理念，试图在儿童中心教育或学生中心教育（的拥护者）和课程中心教育（的拥护者）之间的古老而徒劳的对立之外，开创一种新的可能。钟摆似乎总是在往复运动，同时声称什么是保守、什么是进步，什么是“过时的”、什么是“未来的”，什么是传统的、什么是新颖的，什么是好的、什么是坏的，什么是感性的、什么是威权的，什么是教育的、什么不是教育的。但是，至少杜威明白，教育既需要儿童又需要课程，单向度教育方法或教育概念根本没有意义，它们统统是“实打实的愚蠢”（Dewey，1984［1926］，p.59）。

但是，正如我在前几章试图阐明的那样，世界中心教育的理念不只是要克服若干片面教育概念之间的对立。这类片面教育概念可能说起来头头是道，但是对于日常教育实践意义不大。世界中心教育的理念，首先强调教育问题在根本上事关*生存*问题，即我们“在”世界之中和“与”世界共

① 德语原文是：Nicht nur Kultur oder Gesellschaft, sondern Welt ist der Ort, an welchen die Person ihrer Berufung nachzukommen hat. Während sich der Mensch als Naturwesen entwickelt und als gesellschaftlicher Rollenspieler sozialisiert wird, vollzieht sich die Bildung der Person immer im Horizont der Welt.

存的问题（包括自然世界和社会世界），而不只是我们自己的生存。换句 91
话说，世界是我们生存的唯一所在。要强调的是，与此相关的教育工作，是把受教育者的注意力（重新）导向世界。我之所以同意庞格的看法，认为指向是教育的基本操作，原因就在于此。让指向以世界为中心，就来源于这样一个事实，即指向总是在指向某物；同时，我们可以说，让指向具有教育意义的，是指向总在向*某人*展示某物。正如我在讨论庞格作品时提出的那样，指向的双重姿态最终既呼吁*某个人*（或更准确地说是某些个人）去关注世界，同时也可以说它要求人去关注自身的注意力。之所以说世界中心教育包含主体化而不是排除主体化，原因就在于此。

在这最后一章，我要重新审视世界中心教育的理念，尤其是我们如何设想自己与世界的“相遇”，这对我们如何理解教育意味着什么，以及更重要的对我们如何“做”教育意味着什么。把自然世界、社会世界视为我们学习、理解和感知的对象完全合理，同时这种学习、理解和感知对于我们在世界中行动、与世界共存的能力具有实际意义。基于第五章提供的主题，我想强调我们的在世生存、与世共存并没有因为这样的联系而*被耗尽*。问题的关键在于，世界不只是我们的对象。粗略来说，世界也以拥有自身权利、自身完整性的方式存在。换句话说，世界是*真实的*。因为世界是真实的，所以它限制了我们施加给它的作为，限制了我们可以从中得到什么以及我们可以如何去理解它。因此，再次用阿伦特的话来说，尝试“在这个世界安居”确实要求我们尝试“与现实和解”（Arendt，1994，pp.307–308）。这不是顺服，不是要承认改变既不可能也不可取，而是要强调对我们的意图、行动和愿望进行“事实核验”的重要性。

如果学习、理解和感知的“姿态”是由我之于世界，那么就会有另一个相反方向的“姿态”，是由世界之于我。我试图阐明，在世界中心教育理念中，*两种*姿态都很重要——对于教育很重要，对于我们作为人类在这个星球和社会中的生存与共存也很重要。这个星球并没有能力去满足所有的欲望，这个社会的所有欲望也不会得到同等程度的实现。如果学习姿态是把我置于图像的正中央，那么另一种我称为“被某某教”的姿态，则把我置于*聚光灯*之下。它把我放在聚光灯之下，因为这里的主要问题不是我希望从这个世界得到什么，而是这个世界希望*从我这里*得到什么。也就是说，这个世界对我的要求是什么（关于这项“律令”，另见 Lingis，1998；另一项引人入胜的探索，参看 Dijkman，2020）。

92 遭遇这个问题是一个主体化的“时刻”或“事件”，因为这让我意识到可能有一个面向*宾格之我*的提问。这个问题不面向其他人，不面向任何人或每个人。换句话说，这是一个把我凸显出来的问题。这同时也是主体化，因为它让我意识到自己，同时在某种意义上也让我自由面对自己。这不是为所欲为的那种自由，而是回应我遇到的问题的自由，当然也包括回避它的可能性。[①] 毕竟，自由的全部意义，就在于它从不强迫我们以特定方式行事。莱恩所谓“复杂和不寻常的事”，仍是整个机制的一个好例子。

说*他人*与我们交谈、向我们言说、对我们提问甚至质疑我们，这个观念我们是熟悉的。但是，说世界“总体上”在与我们交谈，并有可能向我们询问某些事，这听起来就没有那么熟悉了。尤其是像我已经说过的那样，这里的世界不只是社会世界，还包括自然世界，包含生物和非生物的世界。在本章第一部分，我会讨论那些探讨“建构隐喻之限度”（Roth，2011）的作品，以尝试赋予这个观念更加丰富的意义。（当然，我也知道，“赋予意义”并不是本部分的重点。）随后，我将回到马里翁有关面向世界的两种“态度”的观察上去，并特别关注“透视影像”思想对于世界中心教育的教育意义。第三步，我将简要说明这对于教学和教师意味着什么，尤其是要强调最终并不是教师召唤出学生的“我”。教师让学生转向世界，召唤学生关注这个世界，以便世界可以去做教师那样的工作。在本章最后，我简要介绍了今日教育面临的挑战。

---

① 我用“当然”是为了强调，人类自由不只是快乐的、积极的。既有行善的自由，也有不行善的自由。但是，自由有这么多可能性的事实，并不意味着我们应该远离自由、应该“放弃”自由，我们也不应该让自由顺其自然、无所节制、免于“事实核验”。稍后我会回到这点。

邂逅世界：惊异之声[1]

认为世界在说话，这对于教育来说是一个初看起来非常陌生的理念。毕竟，教育中的许多工作，尤其是围绕课程开展的相关工作，就是关于我们如何向学生展示世界的，更具体地说，是关于我们如何为学生呈现这个世界的（参看 Mollenhauer，1983）。这涉及大量困难的教育问题和政治问题，它们与选择和呈现的模式有关。

世界需要被呈现，这意味着世界需要被解释。这来源于这样的观察，即世界本身并没有告诉我们它想要如何被理解、它想要如何被知晓。正如迈尔 – 德拉维（Meyer-Drawe，1999，p.329）所说，世界仍然“对自身保持沉默”。这意味着作为人类的我们，不但要理解世界的意义，而且要*赋予*世界以意义。虽然在教育中我们熟悉这一思路（我们也许已经太过熟悉了），虽然这一思路确有其道理，但是它不可能是全部。用罗斯（Roth，2011）的话来说，“建构隐喻”是有限度的。了解这些限度是什么、会在何处遇到、会如何遇到是重要的。它可以提供一个更全面的图景，来理解生存于世界之中意味着什么、与世界共存又意味着什么。 93

触摸与打动

罗斯从一个十分日常但又意义重大的观察来开始自己的探索：在教育环境中，学生被要求学那些自己还不了解的东西。他认为，这就已经对建构主义理论提出了一个关键难题。因为，如果（还）不知道自己应该构建什么，又怎么能要求学生去构建某些东西呢？而且，如果学生们还不了解这里的“这”会是什么，那么他们又怎么能以此为目标，又如何朝着这一目标努力呢？罗斯把学生的困境与某些建筑工人做了比较。这些工人预先没有计划，对于自己要造的东西也没有什么概念。罗斯写道，在这

① 在本节当中，我用到了自己的一本小书《让艺术去教》（Biesta，2017c）第七章提出的观点。这本书可以作为对艺术领域世界中心教育的探索来阅读。

种情况下，他们不是在建造房屋，而“只是把东西拼凑在一起”（Roth，2011，p.13）。

罗斯因此得出结论，“有一系列现象位于我们日常生活与经验的核心，……超出了建构隐喻所能解释的范围”。这包括“易感能力”（passability）的现象，他将其定义为“我们接受影响的能力”（Roth，2011，p.18）。罗斯认为，这些现象“不仅位于我们的生活与经验的核心，而且首先使学习成为可能”，因为“如果（人类）有机体没有表现出接受影响的能力……就不存在任何刻意建构的可能”。（Roth，2011，p.17）

为了支持自己的主张，罗斯讨论了遇到“一种从未尝试过、从未接触过的新食物、葡萄酒或橄榄油”的例子（Roth，2011，p.18）。在遇到这种情况时，我们可能“决定闻一闻，拿起玻璃杯，把它凑到鼻子下面”（Roth，2011，p.18）。罗斯提的问题是，这一决定从何而来。换句话说，我们是怎么“知道要伸手”的。他认为，这种“知道要伸手”，不是在伸手*之前*就知道，而是我们遇到的事物在*要求*我们伸出手。这是一种给予我们的东西，不是我们自己的建构（Roth，2011，p.18）。关于遇到一种新食物、新饮品，罗斯提出的第二点是，闻一闻和尝一尝的全部意义就在于，事实上我们（还）不知道自己将会邂逅什么气息或味道。

罗斯由此得出结论，我们“不能刻意建构气息和味道”（Roth，2011，p.18），而“必须敞开心扉，让自己接受影响”（Roth，2011，p.18）。我认为他是对的。这是一种“不知道”的体验，伴随着不确定性，“因此也伴随着风险”（Roth，2011，p.18）。由于这种风险，在嗅觉方面的“标准建
94 议”是，“用手扇一扇，闻一点点气味，而不是一开始就闻个遍，那样是有风险的”（Roth，2011，p.18）。通过向“陌生和未知”“主动暴露我们自己”，我们“开始（被动）暴露于未知，（并且）因此有可能是敏感的”。（Roth，2011，p.18）

罗斯认为，这种敏感先于认知、感知和解释，因为“只有在接受影响之后，我们才能开始思考、分类并将体验与其他事物联系起来”（Roth，2011，p.18）。我们在此遇到的，是乍看起来可能觉得矛盾的东西，罗斯将

其描述为“由被动性促成的……能动性。这种被动性，比我们有可能选择的、作为一种行动形式的任何不作为都要更为根本”（Roth，2011，p.18）。因此，“移动的先赋能力、移动的意图，邂逅无法预测的未知事物以及连带着的建构，都要求易感能力，也就是我们接受影响的能力”。这也意味着，“影响先于认知，（并且）甚至恰恰是影响让认知成为可能”。（Roth，2011，p.18）

对于罗斯来说，这并不意味着建构、感知、认知和解释不存在或没有发生，而是说它们不是*初始的*，因为“易感能力和激情先于任何认知努力，后者是建构主义者描述和理论化的东西”（Roth，2011，p.19）。因此，“易感能力和激情让……认知成为可能”（Roth，2011，p.19）。我们所知的很多东西是从此类经验中*涌现*出来的，不是我们自己的构建。罗斯写道：

> 我们知晓痛苦，是因为我们感受到了痛苦，不是因为我们建构了痛苦。我们明白爱上一个人是什么滋味，是因为我们以全副身心体验过爱，不是因为我们在脑海中建构了这种体验。情感不是建构的对象，而是我们感受到的激情。对于这样的激情来说，我们既是主人又是仆从。（Roth，2011，p.19）

罗斯通过对触摸和感知的讨论，进一步探讨了情感和易感能力在知和得知上的作用。正如他认为的那样，与大多数关于知识的讨论相比，这实际上更能揭示得知的含义。这些讨论，集中在视觉领域和观看体验上（Roth，2011，p.51；另见 Meyer-Drawe，1999，p.333）。罗斯讨论了感知鼠标垫表面质地的例子，发现只是把手指放在鼠标垫表面还不够，还必须让手指在其表面移动才可以。

罗斯对此有很多观察。首先，“通过触摸来了解表面，存在一个必要的主动时刻”（Roth，2011，p.51），也就是移动手指，以或大或小的力道来按压。但是，我们因此体验到的质地，不能被认为是“我的感官印象的总和”（Roth，2011，p.51）。毋宁说，那是“鼠标垫表面占用我们那段触觉探索时间的方式”（Roth，2011，p.51），这是一种真正“被动的体验”，因为“除非我此前经历过，否则就无法预料自己会触摸到什么”（Roth，2011，p.52）。

> 95 要通过触摸来感受，我就必须敞开心扉让自己接受影响（……）。因为，我不知道会发生什么，不得不让世界对我采取行动。与此同时，我有意识地移动手指，摩挲鼠标垫的表面，来感受它的质地。也就是说，虽然我打算对物体表面进行采样，但实际上我必须允许那个表面来影响我。因为，只有通过这种影响，我的触感才能发挥作用。感觉在本质上是被动的，我敞开自己的心扉，允许世界影响我。事实上，当某些事情对我们产生情感影响时，我们确实会用被动语态说“我被打动了（I am touched）”。（Roth，2011，pp.52−53）

在讨论这个例子时，罗斯再次强调建构在这里没有什么用。“我无法建构物体的表面，因为感觉完全是一种被动体验。（……）我不能在强意义上建构关于表面的知识，因为我只能开放自身，让它（物体表面）影响我。”（Roth，2011，p.54）

无意注意

如果像罗斯说的那样，在任何认知和意义建构以前都存在一种根本的被动性，那就提出了一个问题：“注意”到底是什么？更重要的是，如果我们不知道自己会在那里发现什么，那么我们如何才能真正把注意力集中在那里呢？罗斯通过对意向性的讨论来处理这一点。

关于“传统”的意向性概念，人们可能认为意向性要先于触摸的“动作”。也就是说，我们是先有触摸的意图，然后才开始通过触摸来体验。罗斯却认为，尽管“在我动手、借助触觉学习以前，在我凝视世界、借助视觉学习以前，我的手、眼要知道自己可以移动”，但是，“主体无法建构此类知识，因为它先于任何建构能力，先于任何意向性以及认识意识”。

(Roth，2011，p.67) 罗斯因此认为，更准确的说法是，“我知道如何移动自己的眼睛，是因为我的眼睛自己知道如何移动”(Roth，2011，p.67)。

由此产生了许多后果，不过最重要的一个也许是，移动的意图本身是“某种给予，不是主体的建构”(Roth，2011，p.68)。这反过来意味着，“给予和被动让能动性*成为可能*”(Roth，2011，p.68；强调依原文)。这是这种形式的被动性可以说是“根本的”的原因，因为“它虽然是能动性的基础，但是却无法预料”(Roth，2011，p.68)。

这些观察有助于我们看到，注意和意图是不同的。在这二者之间做出区分非常重要，这可以避免如下假设——以为我们有能力产生去看、去感受、去触摸、去行动的意图，或者以为我们与世界的连接就是此种意图的结果。罗斯让我们看到，实际情况恰恰相反，注意不是意图，不是把我们 96
的注意力集中在某些已知事物上，而是关于“开放自身”，“是允许自身接受影响”(Roth，2011，p.18)。

卡特·迈尔－德拉韦（Kate Meyer-Drawe）在描绘人与世界的关系时，得出了类似的结论：不是解释，而是借助（某种）对话。在其中，事物吸引我们、召唤我们、来到我们眼前。所以，我们可以说，事物并不是静默的对象，似乎只是等待我们的意义建构来赋予它们生命。正如此前指出的那样，她像罗斯一样强调现代哲学对于观看的重视（请注意现代教育对于视觉、影像和图片的重视），正是这一点让现代哲学难以把握事物影响*我们*的方式（参看 Meyer-Drawe，1999，pp.333–334）。在触觉领域的情况完全不同，手的工作与视觉上的错觉可以说截然不同［有意思的是，迈尔－德拉韦强调了这一点，触觉上的错误正是字面上的得之不正（mis-takes）］。

来到*听觉*领域，关于我们与世界之间关系的属性，迈尔－德拉韦揭示的方式会更有帮助。她在此强调，为了听到某些东西，我们完全依赖于从外部传来的声音。我们可能会“竖起耳朵”，但我们能不能听到声音，完全超出了自己的控制范围。她因此认为，我们唯一能做的，是让自己处于“全神贯注的准备状态”(aufmerksamer Bereitschaft)，这就是我们所能做的全部了（Meyer-Drawe，1999，p.334）。没有什么是我们可以意图的，没有什么是我们可以建构的。我们只能等待，只能让我们自己被惊异到。而被惊异到的字面意思，正是允许那些我们无法控制之物的降临。

在听觉领域，我们可以非常生动地意识到自身意图的局限性。事实上，正是这一点让迈尔－德拉韦提出，如果我们把听觉（而非视觉）作为教育理论、教育实践的起点，会发生什么？[①] 她认为，在这种方式当中，我们不会在世界中心发现一个有自我意识的主体，而是更可能找到一个几乎或完全没有明确意图的主体。这个主体完全暴露于那个*可能会也可能不会宣布其自身*的世界之中（Meyer-Drawe，1999，p.334）。

透视影像：找到可以被发现之地

罗斯和迈尔－德拉韦试图做的区分与马里翁的两种“对待事物的态度”之间，有着惊人的相似性。正如我在第五章详细讨论过的那样，马里翁区分了对于事物的态度和对于世界的态度。前者中的事物，表现为可控的“稳定对象”。后者恰恰相反，不是我们在掌控世界，而是“发现自己被事物掌控了”（Marion，2017，p.85）。

97 正如马里翁解释的那样，第一种态度旨在“减少周围一切带给我们惊异的机会；因此，我们不断学习如何更好地控制它们”（Marion，2017，p.83）。基于这种态度，“我们真心期望自己能预测情况和意外，能够反应、控制、纠正以及保护”，这“让我们处于中心位置”。（Marion，2017，p.83）通过这种态度，“我们生活在一个自己组织起来的世界之中。在其中，我们只保留那些可以构造为对象的东西，只保留我们头脑可以理解的东西，它们统统都在一位准主人和自然所有者的控制之下”（Marion，2017，p.83）。我们以这样的方式构造了一个“对象化”的世界，希望以此来规避风险。

---

① 迈尔－德拉韦谈论了一种有趣的“教化”（Bildung）理论。有趣的地方在于，德国的“教化”（Bildung）概念源于“Bild”，意思是图像。因此，教化（Bildung）首先是从可见的领域出发来设想教育。

然而，马里翁问道，排除风险是不是意味着，“如果不远离意外”，远离那些“不能成为对象的东西，我们就不能保护自己”（Marion，2017，p.83）。虽然第一种态度有利于提前规划，也就是那些可以预期的事，但是马里翁认为，“这种理性……只是保留人们可以称作对象的这一层现实，不计其余”（Marion，2017，p.84）。然而，这些对象只提供了“非常表面和肤浅的一层东西。它把所有无法预见的东西、一切所谓不可知的东西全部抛在了一边”（Marion，2017，p.84）。可是，恰恰是在那里，“给予得以显露，因为它刻画了事物中抵制对象化、自发给出来的东西”（Marion，2017，p.84；强调另加）。

因此，在第一种态度中，我们走向世界是为了理解它，字面的意思就是从整体上把握它，从而最终得到一个外在于我们的对象世界。在其中，我们位于中心，世界“外在于我们”，更重要的是*为了我们*而在那里。虽然这种态度自有其用处，但是马里翁和罗斯、迈尔－德拉韦一样，都指出这实际上并非全貌，而只是一个非常“表面和肤浅的”层面。在此之外，有一种完全不同的态度，因此可能与世界有一种完全不同的相遇。这种态度认为，世界来到我们身边，把自身*给予我们*，*让我们惊异*。马里翁使用了更强有力的表达：世界*命令*我们、*召唤*我们来体验它（Marion，2017，p.85）。在这种态度下，我恰恰*不*在中心，恰恰不是控制者，我是在聚光灯下，正如我之前所说，这意味着我*被暴露了*。

马里翁因此为以下观点提供了进一步的论证：注意并非意图。也就是说，注意不是有意去关注某些已知之事，注意是把自己敞开（比如像迈尔－德拉韦说的那样，是竖起耳朵），但又无法控制自己能否得到什么。可以认为这是一种*一般意义上的*敞开，是对一切可能到来之物保持开放；这也许就是人类最初开始其生命的方式。但是，在马里翁关于透视影像的讨论当中，有趣且有益的地方在于，为了找到可被发现之地，观众还有一些工作要做。用抽象的语言来说，这与下面的事实有关：“在那些并非作为对象来给予自身的现象当中（……）有某个时间、某个地点，自我完全 98
了解如何让自己被发现、放弃做决定。”（Marion，2017，p.85）马里翁有关圣三一修道院内那幅画的例子也很有帮助。它提供了一个例子，观众必须找到那个可以观看这幅画的位置，一个“由绘画本身决定、而不是由观众决定”的点，于是“为了看到，观众就必须服从这幅画”。（Marion，2017，pp.84—85）换句话说，观众要回答这幅画向他们提出的问题，而不是反过来。

虽然罗斯和迈尔－德拉韦已经强调了其中的被动性，在某种意义上也是这里所需要的，但是马里翁仍然进一步推进了这一论点。马里翁观察到，正因为在遭遇世界的过程中世界在召唤*我*，所以这里面对的不是“纯粹的”被动性。正如我在前一章所说的那样，我被要求注意，我被要求回应世界对我的呼吁。这就是为什么马里翁会认为，“我不能在事件面前保持被动：我准备好自己又或者回避它，我甘愿冒险又或者走开，简言之，我仍然在做决定，甚至是以拒绝回应的方式来做回应”（Marion，2017，p.85）。所有这些再次表明，与世界相遇的同时也是与自己相遇，这是让自己“介入其中”的召唤。这同时也表明，主体化不是某种“内部”事件，而是完完全全*与世界有关*的。

设想他人对我们提出的要求，无论自觉与否、刻意与否、明确与否，可能都不会有多大困难。不过，接受世界的“其余部分”对我们提出的要求，也同样十分重要。庞格（Prange，2012b）在第一章，在卢梭事物教育思想的背景下讨论过这一点。在讨论事物的教育时，卢梭将其与自然的教育、人的教育相提并论。卢梭强调，我们不会学习事物本身，如果这个表达有意义，那就只能是通过对事物的使用或操纵来学习。正是在那里，我们遇到了事物向我们提出的要求，事物不再只是我们解释或学习的对象。关于无生命对象，庞格尤其强调了对象提供之*抵抗*的教育意义。因为，当抵抗转化为技能时（die Umarbeitung einses Widerstandes in eine Könnerschaft）（Prange，2012b，p.18），一些重要的事情就发生了。这种转变不是把自己的意志强加给材料，而是搞清楚材料允许什么、不允许什么，换句话说，是搞清楚材料和特定对象的诉求是什么。

庞格认为，面对生命体时的情况更是如此，尤其是在面对动物时，比如仓鼠、鹦鹉、猫、腊肠犬或金毛猎犬，但不包括斗狗，至少起初不包括（参看 Prange，2012b，p.19）。可以说，生命体的不同之处在于诉求的持久性。如果说玩具或物品可以在不合用或无聊时收纳起来，那么动物则总会提出持续性的需求。动物需要喂食，需要梳理，需要得到保护，等等。这些挑战总是不会消失。因此可以说，动物以与非生物完全不同的方式把"我"拉入世界。我在别处（比如 Biesta，2019c）讨论过植物的教育意义，认为与植物相遇的特别之处在于，人们尽可以慢慢规划，这对于植物是否繁茂没有丝毫影响。换句话说，与植物的相遇不会对我们的认知能力提出诉求，植物实际上会对我们的思维保持"免疫"，但是植物会对我们关切植物需求的能力提出诉求。可以说，这把"我"的一个相当不同的部分拉入了这个世界，它从"我"这里要求的是不同类型的注意。 99

为"被教"的可能性而教

在这里我要强调的最后一点是，在世界中心教育中提出需求的是世界，不是教师。这不是要把教师从其职责中解脱出来，而是要看到教师的关键任务是把学生引入这个世界，是把学生的注意力（重新）导向这个世界，这样学生就有可能（并非确保）满足世界提出的要求。有人可能会说，这样看来是世界在教，或以布莱希特暗示过的，是现实在教[①]。教师所做的只是让学生"转向"世界、朝向世界"开放"，这样学生就有可能注意这个世界并同时注意他们自身了。也就是说，教师要做的是让学生与这样的问题相遇，即这个世界、这个当下的现实正在向*我*要求什么。马里翁关于透视影像的观念表明，教师要持续付出努力，来"创造"学生可能遇到这个问题的境况。

指向（包括指向的*动作*和*形式*）的意义在于，它不强迫学生做任何

① "每位教师都得学会在恰当时机停止教学。这是一门艰深的艺术。只有少数人能够在时机成熟时，让实在来取代自己的位置。"（Brecht，2016，p.98）

事，而是诉诸学生的自由。在某种意义上说，这是提醒学生想到自己的自由。正因为如此，正因为学生的自由面临威胁，更具体地说，正因为学生的自由受到召唤，所以教学工作总是缺乏保障。教育中不存在机械式的因果关系，教学不能制造学生的主体属性，正如教学不能制造学习产出、学生成绩一样，因为这一切都取决于学生做什么、不做什么。这一切不会让教育工作变得盲目，因为正如我所论证的那样，教育不等于高效的生产，教育工作有不同的*路径*。

庞格（Prange，2012a，pp.155—163）讨论了这一点，参考的是赫尔巴
100 特的一个有趣观念，即“教育因果律”（pädagogische Kausalverhältnis）。这不是“甲导致乙”的路径（“教学干预导致学习产出”），而毋宁是“甲要求乙”的那条路径。用最简短的表述来说，可以理解为世界在召唤学生之“我”。更准确地说，是教师在召唤学生注意这个世界。“你，看那里！”这确实是一个“对自我行动的召唤”（Aufforderung zur Selbsttätigkeit），因为最终要让学生对世界可能在问什么做出回应。因此，教育因果律可以说是*感召性*的因果关系。它作为一种言说，旨在解决学生之“我”的问题。“嘿，说你呢！你在哪儿？”如前所述，无论学生是不是回答“我在这里”或“与我无关，我只是在服从命令”，这一切最终都取决于学生。但是，通过敲学生的“门”，通过提问是否有人在“那里”，我们至少在主体属性方面在试图给学生一个公允的机会，无论他们会以何种方式回应这个世界可能向他们提出的要求。

结　论

在本书结尾，我再次回到了开始部分提出的问题：“我们要对儿童做什么？”我的确认为这是关键的教育问题，但是除此之外再增加一个问题也还是明智的，即“如何应对终生困扰我们的那些幼稚欲望？”。作为教育者，我们不能回避自己的教育责任。我们应该充分考虑问题的复杂性，认真对待要对儿童做什么的问题。不过，我们要保持诚实，不能假设幼稚

的欲望只是“他们”的问题，不适用于“我们”。恰恰相反，试图以成熟的方式来生活，不总是跟在自己的欲望后面跑，这对每个人来说都是真正持续终生的挑战。每个人都要不断回到这样的问题：内心的欲望，是否值得自己追求？而且，正如我所表明的，这在“冲动社会”已愈加成为挑战。这个社会不断告诉我们可以要得*更多*，不断扩充我们的欲望，而不是鼓励我们对自身欲望进行“事实核验”，不是为我们提供完成这项任务所需的“社会配置”(梅里厄)。

关于对儿童做什么的问题，我们可能给出的任何答案，可以说都要参照我们如何遭遇、如何感知目前的“状况”。在这一点上，我相信我们仍旧活在“奥斯维辛”的阴影之中。也就是说，我们仍然要接受这样一个事实，即对他人的完全对象化是一种实实在在的可能性。而且，正如列维提醒我们的那样，这不是一种需要防备的恶，因为我们本就带有或者说内含了这种可能性。有鉴于此，我们不能只关注继续发生在“别处”的对象化方式，比如通过威权来压制人们作为自身生活主体生存的可能性。我们还 101
应关注对象化在教育中的表现，尤其是那些用意良好但考虑不周的改进教育系统的尝试。正如我说过的那样，这些尝试的结果是把主体教育变成了“对象管理”。如前所述，自我对象化的要求，成了其中的一个症状。

在本书当中，我把教育定位于主体属性这一侧。也就是说，作为一种刻意行动的形式，教育的核心旨趣是人类如何作为自身生活的主体来生存，而不是其他人、其他力量所要求的对象。换句话说，我把教育定位在自由这一侧，强调自由不是某种抽象的哲学概念，而是一种十分日常和“平凡”(mundane)的经验。有趣的是，这意味着自由是一种*与世界有关的*经验(“mundus”意为世界)。这是我们生存于世界之中、与世界共存的经验的一部分。在其中，我们一再面临这样的问题，自然世界、社会世界向我提出了什么要求。换言之，自由与其说是我的所有物，不如说是自由在寻找这个我、召唤这个我。自由在呼唤个人身上的这个我，呼唤其生存于世、与世共存。

教育工作，教育中的*教育性*工作，不是要制造学生的主体属性，因为此种生产性思维方式恰恰会否定我们感兴趣的“事物”，亦即学生作为自身生命主体的生存。教育中的教育性工作，更确切地说就是对学生的主体属性问题保持开放，以便学生有机会遇见这个问题。莱恩在把表交给杰森时，就是在这样做。但是，教育中的教育性工作，从来不决定学生在遭遇这个问题时应该做什么。换言之，教育中的教育性工作，不是让学生成为教育者判断的对象，而是鼓励他们成为自身行动的主体，即关注自己的主体属性和自由。

正如我已经表明的，这个问题并不“容易”。面对我们的自由、带着有关我们自由的问题、带着自由的可能性，可以而且的确构成了扰动。不过，对于教育来说，这种扰动很重要，尽管“只是”扰动还不够。学生还需要时间和空间（学校时间是缓慢和“尚不确定”的）来解决这个问题。他们需要一些形式，来让这个问题成为（或保持为）一个具体问题。他们还需要一定的支持和供给才能完成这项工作，并持续关注这个问题。社会是否仍然愿意为“儿童”，也就是所有那些不断到来的新人，“腾出”这样的时间？如我所言，为了教育之故而去解放时间，是衡量一个社会民主品质的关键指标，尤其是对于冲动社会而言。

参考文献

Adorno, T.W. (1971). *Erziehung zur Mündigkeit: Vorträge und Gespräche mit Hellmut Becker 1959–1969*. Frankfurt am Main: Suhrkamp.

Allen, J., Rowan, L., & Singh, P. (2018). Through growth to achievement: The potential impact on teacher education of the 2018 Gonski Review. *Asia-Pacific Journal of Teacher Education*, 46(4), 317–320.

Arendt, H. (1958). *The human condition*. Chicago, IL:The University of Chicago Press.

Arendt, H. (1963). *Eichmann in Jerusalem:A report on the banality of evil*. NewYork:Viking Press.

Arendt, H. (1977). *Between past and future: Eight exercises in political thought*. Harmondsworth: Penguin Books.

Arendt, H. (1994). Understanding and politics (the difficulties of understanding). In J. Kohn (Ed.), *Essays in understanding 1930–1954* (pp. 203–327). NewYork: Harcourt, Brace and Company.

Armatyge, W.H.G. (1975). Psychoanalysis and teacher education II. *British Journal of Teacher Education*, 1(1), 317–334.

Bailey, C.H. (1984). *Beyond the present and the particular:A theory of liberal education*. London: Routledge.

Baker, E.L., Barton, P. E., Darling-Hammond, L., Haertel, E., Ladd, H.F., Linn, R.L., Ravitch, D., Rothstein, R., Shavelson, R.J., & Shepard, L.A. (2010). *Problems with the use of student test scores to evaluate teachers. Economic Policy Institute briefing paper no. 278*. Washington, D.C.: Economic Policy Institute.

Ball, S. (2003). The teacher's soul and the terrors of performativity. *Journal of Education Policy*, 18(2), 215–228.

Ball, S. (2007). *Education plc: Understanding private sector participation in public sector education*. London/New York: Routledge.

Ball, S. (2012). *Global education Inc.: New policy networks and the neo-liberal imaginary*. London/ New York: Routledge.

Ball, S.J., & Olmedo,A. (2013). Care of the self, resistance and subjectivity under neoliberal governmentalities. *Critical Studies in Education*, 54(1), 85–96.

Bauman, Z. (1993). *Postmodern ethics*. Oxford:Wiley-Blackwell.

Bauman, Z. (1998). *Leven met veranderlijkheid, verscheidenheid en onderzekerheid: [Living with change, diversity and uncertainty]*. Amsterdam: Boom.

Bazeley, E.T. (1928). *Homer Lane and the little commonwealth*. London: George Allen & Unwin Ltd.

Benner, D. (1995). Bildsamkeit und Bestimmung. Zu Fragestellung und Ansatz nicht-affirmativer Bildungstheorie. In D. Benner (Ed.), *Studien zur Theorie der Erziehung und Bildung. Band 2* (pp. 141–159).Weinheim: Juventa.

Benner, D. (2003). Über die Unmöglichkeit Erziehung allein vom Grundbegriff der "Aufforderung zur Selbsttätigkeit" her zu begreifen. *Zeitschrift für Pädagogik*, 49(2), 290–304.

Benner, D. (2015). *Allgemeine Pädagogik. 8. Auflage*. Weinheim/München: Juventa.

Benner, D. (2020). *Umriss der allgemeinen Wissenschaftsdidaktiek*. Weinheim: Beltz/ Juventa.

Bernfeld, S. (1973). *Sisyphos oder die Grenzen der Erziehung*. Frankfurt am Main: Suhrkamp.

Biesta, G. (1995). Pragmatism as a pedagogy of communicative action. In J. Garrison (Ed.), *The new scholarship on John Dewey* (pp. 105–122). Dordrecht/Boston/London: Kluwer Academic Publishers.

Biesta, G. (2002). *Bildung* and modernity: The future of *Bildung* in a world of difference. *Studies in Philosophy and Education*, 21(4), 343–351.

Biesta, G. (2004). Against learning: Reclaiming a language for education in an age of learning. *Nordisk Pedagogik*, 23(1), 70–82.

Biesta, G. (2006a). *Beyond learning: Democratic education for a human future*. London/ New York: Routledge.

Biesta, G. (2006b). "Of all affairs, communication is the most wonderful": Education as communicative praxis. In D.T. Hansen (Ed.), *John Dewey and our educational prospect: A critical engagement with Dewey's Democracy and Education* (pp. 23–37).

Albany, NY: SUNY Press.

Biesta, G. (2007). Why "what works" won't work: Evidence-based practice and the democratic deficit of educational research. *Educational Theory*, 57(1), 1–22.

Biesta, G. (2009). Good education in an age of measurement: On the need to reconnect with the question of purpose in education. *Educational Assessment, Evaluation and Accountability*, 21(1), 33–46.

Biesta, G. (2010a). *Good education in an age of measurement: Ethics, politics, democracy*. London/New York: Routledge.

Biesta, G. (2010b). Why "what works" still won't work: From evidence-based education to value-based education. *Studies in Philosophy and Education*, 29(5), 491–503.

Biesta, G. (2010c). Learner, student, speaker: Why it matters how we call those we teach. *Educational Philosophy and Theory*, 42(4), 540–552.

Biesta, G. (2011). Disciplines and theory in the academic study of education: A comparative analysis of the Anglo-American and continental construction of the field. *Pedagogy, Culture and Society*, 19(2), 175–192.

Biesta, G. (2012). Giving teaching back to education: Responding to the disappearance of the teacher. *Phenomenology and Practice*, 6(2), 35–49.

Biesta, G. (2013a). Interrupting the politics of learning. *Power and Education*, 5(1), 4–15.

Biesta, G. (2013b). Receiving the gift of teaching: From "learning from" to "being taught by". *Studies in Philosophy and Education*, 32(5), 449–461.

Biesta, G. (2014a). *The beautiful risk of education*. London/New York: Routledge.

Biesta, G. (2014b). You can't always get what you want: An an-archic view on education, democracy and civic learning. In I. Braendholt Lundegaard & J. Thorek Jensen (Eds.), *Museums: Knowledge, democracy, transformation* (pp. 110–119). Copenhagen: Danish Agency for Culture.

Biesta, G. (2014c). Pragmatising the curriculum: Bringing knowledge back in, but via pragmatism. *The Curriculum Journal*, 25(1), 29–49.

Biesta, G. (2014d). Is philosophy of education a historical mistake?: Connecting philosophy and education differently. *Theory and Research in Education*, 12(1), 65–76.

Biesta, G. (2015a). Resisting the seduction of the global education measurement industry: Notes on the social psychology of PISA. *Ethics and Education*, 10(3), 348–360.

Biesta, G. (2015b). Freeing teaching from learning: Opening up existential possibilities in educational relationships. *Studies in Philosophy and Education*, 34(3), 229–243.

Biesta, G. (2015c). An appetite for transcendence: A response to Doris Santoro's and Samuel Rocha's review of *The Beautiful Risk of Education*. *Studies in Philosophy and Education*, 34(4), 419–422.

Biesta, G. (2016a). Improving education through research?: From effectiveness, causality and technology, to purpose, complexity and culture. *Policy Futures in Education*, 14(2), 194–210.

Biesta, G. (2016b). Democracy and education revisited: Dewey's democratic deficit. In S. Higgins & F. Coffield (Eds.), *John Dewey's education and democracy: A British tribute* (pp. 149–169). London: IOE Press.

Biesta, G. (2017a). *The rediscovery of teaching*. London/New York: Routledge.

Biesta, G. (2017b). Touching the soul?: Exploring an alternative outlook for philosophical work with children and young people. *Childhood and Philosophy*, 30(28), 415–452.

Biesta, G. (2017c). *Letting art teach: Art education after Joseph Beuys*. Arnhem: ArtEZ Press.

Biesta, G. (2017d). P4C after Auschwitz: On immanence and transcendence in education. *Childhood and Philosophy*, 30(28), 617–628.

Biesta, G. (2018a). A manifesto for education ten years on: On the gesture and the substance. *Praxis Educativa*, 22(2), 40–42.

Biesta, G. (2018b). Interrupting the politics of learning, changing the discourse of education. In K. Illeris (Ed.), *Contemporary theories of learning: Learning theorists ... in their own words* (2nd revised ed., pp. 243–259). London/New York: Routledge.

Biesta, G. (2018c). Creating spaces for learning or making room for education?: New parameters for the architecture of education. In H.M. Tse, H. Daniels, A. Stables, & S. Cox (Eds.), *Designing buildings for the future of schooling: Contemporary visions for education* (pp. 27–40). London/New York: Routledge.

Biesta, G. (2019a). Trying to be at home in the world: New parameters for art education. *Artlink*, 39(3), 10–17.

Biesta, G. (2019b). *Obstinate education: Reconnecting school and society*. Leiden: Brill|Sense.

Biesta, G. (2019c). Schulen im Shopping-Zeitalter. In S. Fehrmann (Ed.), *Schools of tomorrow* (pp. 60–71). Berlin: Matthes & Seitz.

Biesta, G. (2019d). What if?: Art education beyond expression and creativity. In R. Hickman, J. Baldacchino, K. Freedman, E. Hall, & N. Meager (Eds.), *International encyclopedia of art and design education*. London/New York:Taylor & Francis Group.

Biesta, G. (2019e). Teaching for the possibility of being taught:World-centred education in an age of learning. *English E-Journal of the Philosophy of Education*, 4, 55–69.

Biesta, G. (2020a). Perfect education, but not for everyone: On society's need for inequality and the rise of surrogate education. *Zeitschrift für Pädagogik*, 66(1), 8–14.

Biesta, G. (2020b). *Educational research: An unorthodox introduction*. London: Bloomsbury.

Biesta, G., & Burbules, N. (2003). *Pragmatism and educational research*. Lanham, MD: Rowman and Littlefield.

Biesta, G., & Hannam, P. (2019). The uninterrupted life is not worth living: On religious education and the public sphere. *Zeitschrift für Pädagogik und Theologie*, 71(2), 173–185.

Biesta, G., & Säfström, C.A. (2011). A manifesto for education. *Policy Futures in Education*, 9(5), 540–547.

Biesta, G., & Stengel, B. (2016). Thinking philosophically about teaching. In D.H. Gittomer & C.A. Bell (Eds.), *Handbook of research on teaching* (5th ed., pp. 7–68).Washington, D.C.: AERA.

Bingham, C. (2009). *Authority is relational. Rethinking educational empowerment*. Albany, NY: SUNY Press.

Böhm,W. (1997). *Entwürfe zu einer Pädagogik der Person*. Bad Heilbrunn: Julius Klinkhardt.

Böhm,W. (2016). *Die pädagogische Placebo-Effekt. Zur Wirksamkeit der Erziehung*. Paderborn: Ferdinand Schöningh.

Brecht, B. (1964[1944]). A little tuition for my friend Max Gorelik. In J.Willett (Ed.), *Brecht on theatre:The development of an aesthetic* (pp. 159–163). New York: Hill and Wang.

Brecht, B. (2016). *Me-ti: Book of interventions in the flow of things*. Edited and translated by Antony Tatlow. London: Bloomsbury.

Brehony, K.J. (2008). The genesis and disappearance of Homer Lane's Little Commonwealth: A Weberian analysis. In M. Göhlich, C. Hopf, & D. Tröhler (Eds.), *Persistenz und Verschwinden. /Persistence and Disappearance: Pädagogische Organisationen im historischen Kontext. /Educational Organizations in their historical Contexts* (pp. 237–253). Wiesbaden:Verlag für Sozialwissenschaften.

Bruner, J. (1996). *The culture of education*. Cambridge, MA: Harvard University Press.

Burke, K. (1966). *Language as symbolic action*. Berkeley & Los Angeles, CA: University of California Press.

Burke, K. (1973). *The philosophy of literary form* (3rd ed.). Los Angeles: University of California Press.

D'Agnese, V. (2017). *Reclaiming education in the age of PISA: Challenging OECD's educational order*. London/New York: Routledge.

Department of Education and Training (2018). *Through growth to achievement:The report of the review to achieve educational excellence in Australian schools*. Canberra: Commonwealth of Australia.

Derwin, F. (2016). Is the emperor naked?: Experiencing the "PISA hysteria", branding and education export in Finnish academia. In K. Trimmer (Ed.), *Political pressures on educational and social research: International perspectives* (pp. 77–93). London/New York: Routledge.

Dewey, J. (1895). Plan of organization of the university primary school. In J.A. Boydston (Ed.), *The early works, 1882–1898. Volume 5* (pp. 223–243). Carbondale and Edwardsville: Southern Illinois University Press.

Dewey, J. (1958). *Experience and nature*. New York: Dover.

Dewey, J. (1984[1926]). Individuality and experience. In J.A. Boydston (Ed.), *John Dewey: The later works, 1925–1953. Volume 2: 1925–1927* (pp. 55–61). Carbondale and Edwardsville: Southern Illinois University Press.

Dewey, J. (1985[1916]). Democracy and education. In J.A. Boydston (Ed.), *John Dewey: The middle works, 1899–1924. Volume 9: 1916*. Carbondale and Edwardsville: Southern Illinois University Press.

Dewey, J. (1988[1939]). Experience, knowledge and value: A rejoinder. In J.A. Boydston (Ed.), *John Dewey: The later works, 1925–1953. Volume 14: 1939–1941* (pp. 3–90).

Carbondale and Edwardsville: Southern Illinois University Press.

Dijkman, B. (2020). "What is this asking from me?": An extended review of the rediscovery of teaching by Gert Biesta. *Transactional Analysis Journal*, 50(1), 93–100.

Donald, J. (1992). *Sentimental education: Schooling, popular culture, and the regulation of liberty*. London/New York: Verso.

Eagle, L., & Brennan, R. (2007). Are students customers?: TQM and marketing perspectives. *Quality Assurance in Education*, 15(1), 44–60.

Egan, K. (2008). *The future of education: Reimagining our schools from the ground up*. New Haven & London: Yale University Press.

Einstein, A., Podolsky, B., & Rosen, N. (1935). Can the quantum-mechanical description of physical reality be considered complete? *Physical Review*, 47(10), 777–780.

Eisner, E.W. (2001). From episteme to phronesis to artistry in the study and improvement of teaching. *Teaching and Teacher Education*, 18(4), 375–385.

Feinberg,W. (2001). Choice, autonomy, need-definition and educational reform. *Studies in Philosophy and Education*, 20(5), 402–409.

Fenstermacher, G.D. (1986). Philosophy of research on teaching: Three aspects. In M.C. Wittrock (Ed.), *Handbook of research on teaching* (3rd ed., pp. 37–49). New York: MacMillan; London: Collier Macmillan.

Flitner, W. (1989[1979]). Ist Erziehung sittlich erlaubt? In W. Flitner (Ed.), *Gesammelte Schriften, Band 3* (pp. 190–197). Paderborn: Schöningh Verlag.

Freire P. (1993). *Pedagogy of the oppressed: New, revised 20th anniversary Edition*. New York: Continuum.

Glaser, B.G. (1998). *Doing grounded theory: Issues and discussions*. Mill Valley, CA: Sociology Press.

Gleeson, D., & Husbands, C. (Eds.) (2001). *The performing school: Managing, teaching and learning in a performance culture*. London: Routledge Falmer.

Guilherme, A. (2019). Considering AI in education: Erziehung but never Bildung. In J. Knox et al. (Eds.), *Artificial intelligence and inclusive education: Perspectives on rethinking and reforming education* (pp. 165–177). Singapore: Springer Nature.

Habermas, J. (2008). Notes on post-secular society. *New Perspectives Quarterly*, 25(4), 17–29.

Habermas, J. (2010). *An awareness of what is missing: Faith and reason in a post-secular age*. Cambridge: Polity Press.

Harris, J. (2009). *The nurture assumption: Why children turn out the way they do: Revised and updated*. New York: The Free Press.

Hattie, J., & Nepper Larsen, S. (2020). *The purposes of education: A conversation between John Hattie and Steen Nepper Larsen*. New York/London: Routledge.

Hoose, P. (2009). *Claudette Colvin:Twice toward justice*. New York: Farrar, Straus, Giroux.

Hopmann, S. (2008). No child, no school, no state left behind: Schooling in the age of accountability. *Journal of Curriculum Studies*, 40(4), 417–456.

Horlacher, R. (2017). *The educated subject and the German concept of Bildung*. London/ New York: Routledge.

ISO (2015). *Quality management principles*. Geneva: ISO.

Jaeger, W. (1965). *Paideia: Archaic Greece: The mind of Athens*. New York/Oxford: Oxford University Press.

Kant, I. (1982). Über Pädagogik. [On Education]. In I. Kant (Ed.), *Schriften zur Anthropologie, Geschichtsphilosophie, Politik und Pädagogik. [Writings on anthropology, the philosophy of history, politics and education]* (pp. 691–761). Frankfurt am Main: Insel Verlag.

Kant, I. (1992). An answer to the question "What is Enlightenment?". In P. Waugh (Ed.), *Postmodernism: A reader* (pp. 89–95). London: Edward Arnold.

Kierkegaard, S. (1985). Philosophical fragments. In Edited and translated by H.V. Hong & E.H. Hong. *Kierkegaard's writings VII*. Princeton, NJ: Princeton University Press.

Komisar, P. (1965). More on the concept of learning. *Educational Theory*, 15(3), 230–239.

Komisar, P. (1968). Teaching: Act and enterprise. *Studies in Philosophy and Education*, 6(2), 168–193.

Lamm, Z. (1976). *Conflictilng theories of instruction: Conceptual dimensions*. Berkeley, CA: McCutchan.

Lane, H. (1928). *Talks to parents and teachers*. London: George Allen and Unwin.

Langewand, A. (2003). Über die Schwierigkeit Erziehung als Aufforderung zur Selbsttätigkeit zu begreifen. *Zeitschrift für Pädagogik*, 49(2), 274–289.

Lave, J., & Wenger, E. (1991). *Situated learning: Legitimate peripheral participation*. Cambridge: Cambridge University Press.

Levi, P. (1986). *The drowned and the saved.* New York:Vintage International.

Levinas, E. (1969). *Totality and infinity:An essay on exteriority*. Pittsburgh, PA & The Hague: Duquesne University Press & Martinus Nijhoff.

Liebau, E. (1999). *Erfahrung und Verantwortung. Werteerziehung als Pädagogik der Teilhabe*. Weinheim/München: Juventa Verlag.

Lingis,A.(1998). *The imperative*. Bloomington & Indianapolis, IN: Indiana University Press.

Løvlie, L., & Standish, P. (2002). Introduction: *Bildung* and the idea of a liberal education. *Journal of Philosophy of Education*, 36(3), 317–340.

Marion, J.-L. (1998). *Reduction and givenness: Investigations of Husserl, Heidegger, and phenomenology*. Evanston, IL: Northwestern University Press.

Marion, J.-L. (2002a). *Being given: Towards a phenomenology of givenness*. Stanford, CA: Stanford University Press.

Marion, J.-L. (2002b). *In excess: Studies of saturated phenomena*. New York: Fordham University Press.

Marion, J.-L. (2011). *The reason of the gift*. Charlottesville, VA: University of Virginia Press.

Marion, J.-L. (2016). *Givenness and revelation*. Oxford: Oxford University Press.

Marion, J.-L. (2017). *The rigor of things: Conversations with Dan Arbib*. New York: Fordham University Press.

Masschelein, J., & Simons, M. (2012). *Apologie van de school: Een publieke zaak*. Leuven:Acco.

Meirieu, P. (2007) *Pédagogie: Le devoir de résister. [Education: The duty to resist]*. Issy-les-Moulineaux: ESF Éditeur.

Meyer-Drawe, K. (1999). Herausforderung durch die Dinge. Das Andere im Bildungsprozess. *Zeitschift für Pädagogik*, 45(3), 329–336.

Mollenhauer, K. (1972). *Theorien zum Erziehungsprozess*. München: Juventa.

Mollenhauer, K.(1973). *Erziehung und Emanzipation. 6.Auflage.[Education and Emancipation]* (6th ed.). München: Juventa.

Mollenhauer, K. (1983). *Vergessene Zusammenhänge. Über Kultur und Erziehung*. Weinheim: Juventa.

Mollenhauer, K. (2013). *Forgotten connections: On culture and upbringing*. London/NewYork: Routledge.

Neill, A.S. (1960). *Summerhill: A radical approach to child rearing*. New York: Hart Publishing Company.

Neill, A.S. (1966). *Freedom, not license!* New York: Hart Publishing Company.

Nixon, E., Scullion, R., & Hearn, R. (2018). Her majesty the student: Marketised higher education and the narcissistic (dis)satisfactions of the student-consumer. *Studies in Higher Education*, 43(6), 927–943.

Parks, R., & Haskins, J. (1992). *Rosa Parks: My story*. New York: Dial Books.

Parsons, T. (1951). *The social system*. New York: The Free Press.

Peters, R.S. (1965). Education as initiation. In R. D. Archambault (Ed.), *Philosophical analysis and education* (pp. 87–111). London: Routledge & Kegan Paul.

Pinar, W. (2011). *The character of curriculum studies: Bildung, currere, and the recurring question of the subject*. New York: Palgrave Macmillan.

Plato (1941). *The republic*. Oxford: Oxford University Press.

Prange, K. (2006). Zeig mir, was du meinst! In D. Gaus & R. Uhle (Eds.), *Wie verstehen Pädagogen? Begriff und Methode des Verstehens in der Erziehungswissenschaft* (pp. 141–153). Wiesbaden: Verlag für Sozialwissenschaften.

Prange, K. (2010). *Die Ethik der Pädagogik. Zur Normativität erzieherischen Handelns*. Paderborn: Schöningh Verlag.

Prange, K. (2011). *Zeigen, Lernen, Erziehen. Herausgegeben von Karsten Kenklies*. Jena: IKS Garamond.

Prange, K. (2012a). *Die Zeigestruktur der Erziehung. 2. Auglage. korrigiert und erweitert*. Paderborn: Ferdinand Schöningh.

Prange, K. (2012b). *Erziehung als Handwerk. Studien zur Zeigestruktur der Erziehung*. Paderborn: Ferdinand Schöningh.

Prange, K., & Strobel-Eisele, G. (2006). *Die Formen des pädagogischen Handelns. Eine Einführung*. Stuttgart: Kohlhammer.

Priestley, M., Biesta, G., & Robinson, S. (2015). *Teacher agency: An ecological approach*. London: Bloomsbury.

Rancière, J. (2010). On ignorant schoolmasters. In C. Bingham & G. Biesta (Eds.), *Jacques*

Rancière: Education, truth, emancipation (pp. 1–24). London: Continuum.

Ravitch, D. (2011). *The death and life of the great American school system: How testing and Choice are undermining education*. New York: Basic Books.

Rivers, N.A., & Weber, R.P. (2010). *Equipment for living: The literary reviews of Kenneth Burke*. Anderson, SC: Parlor Press.

Roberts, P. (2014). *The impulse society: What is wrong with getting what we want?* London: Bloomsbury.

Roth, W.-M. (2011). *Passability: At the limits of the constructivist metaphor*. Dordrecht: Springer.

Rousseau, J.-J. (1979). *Emile, or on education.* Trans. Allan Bloom. New York: Basic Books.

Ryan, R. M., & Deci, E. L. (2017). *Self-determination theory: Basic psychological needs in motivation, development, and wellness*. New York: Guilford Publishing.

Rytzler, J. (2017). *Teaching as attention formation: A relational approach to teaching and attention*. Doctoral Dissertation, Mälardalens högskola.

Sæverot, H. (2012). *Indirect pedagogy: Some lessons in indirect education*. Rotterdam: Sense Publishers.

Säfström, C.A. (2019). Paideia and the search for freedom in the public of today. *Journal of Philosophy of Education*, 53(4), 607–618.

Schrödinger, E. (1935). Discussion of probability relations between separated systems. *Mathematical Proceedings of the Cambridge Philosophical Society*, 31, 555–563.

Schwartz, S.J., Luyckx, K., & Vignoles, V.L. (Eds.). (2013). *Handbook of identity theory and research*. New York: Springer.

Sellar, S., & Hogan, A. (2019). *Pearson 2025: Transforming teaching and privatising education data*. Brussels: Education International.

Sellar, S., Thompson, G., & Rutkowski, D. (2017). *The global education race:Taking the measure of PISA and educational testing*. Edmonton: Brush Education.

Stenhouse, L. (1988). Artistry and teaching:The teacher as focus of research and development. *Journal of Curriculum and Supervision*, 4(1), 43–51.

Tse, H.M., Daniels, H., Stables, A., & Cox, S. (Eds.) (2018). *Designing buildings for the future of schooling: Contemporary visions for education*. London/New York:

Routledge.

Vanderstraeten, R. (2005). System and environment: Notes on the autopoiesis of modern society. *Systems Research and Behavioral Science*, 22(6), 471–481.

Von Glasersfeld, E. (1995). *Radical constructivism: A way of knowing and learning*. London: Routledge.

Vassallo, S. (2013). Critical pedagogy and neoliberalism: Concerns with teaching selfregulated learning. *Studies in Philosophy and Education*, 32(6), 563–580.

Westphal, M. (2008). *Levinas and Kierkegaard in dialogue*. Bloomington & Indianapolis, IN: Indiana University Press.

Williamson, B. (2017). *Big data in education: The digital future of learning, policy and practice*. London: Sage.

Wills, W.D. (1964). *Homer Lane: A biography*. London: Allen & Unwin.

出 版 人　郑豪杰
责任编辑　薛　莉
版式设计　郝晓红
责任校对　翁婷婷
责任印制　米　扬

图书在版编目（CIP）数据

世界中心教育 /（荷）格特·比斯塔（Gert Biesta）著；丁道勇译. —北京：教育科学出版社，2024.5
（世界教育思想文库）
书名原文：World–Centred Education：A View for the Present
ISBN 978-7-5191-3623-9

Ⅰ. ①世…　Ⅱ. ① 格… ②丁…　Ⅲ. ① 教育研究　Ⅳ. ① G40-03

中国国家版本馆 CIP 数据核字（2024）第 026040 号
北京市版权局著作权合同登记　图字：01-2023-5885 号

世界教育思想文库
世界中心教育
SHIJIE ZHONGXIN JIAOYU

出版发行	教育科学出版社		
社　　址	北京·朝阳区安慧北里安园甲 9 号	**邮　　编**	100101
总编室电话	010-64981290	**编辑部电话**	010-64981252
出版部电话	010-64989487	**市场部电话**	010-64989009
传　　真	010-64891796	**网　　址**	http：//www.esph.com.cn
经　　销	各地新华书店		
制　　作	高碑店格律图文设计有限公司		
印　　刷	运河（唐山）印务有限公司		
开　　本	720 毫米 ×1020 毫米　1/16	**版　　次**	2024 年 5 月第 1 版
印　　张	11.25	**印　　次**	2024 年 5 月第 1 次印刷
字　　数	156 千	**定　　价**	39.00 元

图书出现印装质量问题，本社负责调换。

World—Centred Education：A View for the Present
By Gert Biesta